Hilani Mercadante
Viviane Kirmeliene

Tradução: 2014 Soluções Editoriais

Dream Kids 3.0

Teacher's Guide
with Digital Resources

PORTUGUESE VERSION

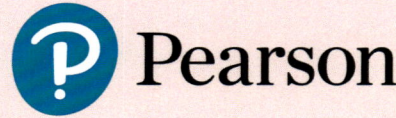

Pearson Education do Brasil
Av. Francisco Matarazzo, 1400 – Água Branca
São Paulo, SP
© Pearson Education do Brasil 2021

The right of Hilani Mercadante and Viviane Kirmeliene to be identified as authors of this Work has been asserted by them in accordance with the Copyright, Designs and Patents Act 1988.

All rights reserved; no part of this publication may be reproduced, stored in a retrieval system, or transmitted in any form or by any means, electronic, mechanical, photocopying, recording, or otherwise without the prior written permission of the Publishers.

First published in 2011

ISBN: 978-65-5770-254-3

Set in FS Me

Acknowledgements
The publishers and author(s) would like to thank the following people for their feedback and comments during the development of the material: Alyne Formolo, Anita Heald, Ariane Valieri Koga, Daniella Geradini, Débora Carvalho, Gisele Aga, Joyce Gomes, Juliana Melo, Leandra Dias, Márcia Lima, Mônica Bicalho, Michael Luidvinavicius, Silvio Campos and Simara Dal' Alba.

Image credits
123RF: Aleksandr Steblovskiy, 28; Aleksey Zatevahin, 98; Anton Starikov, 86; bedolaga, 84; belchonock, 126; Bert Folsom, 49; Bonzami Emmanuelle, 53; bryljaev, 113; catarena, 20; Cathy Yeulet, 8, Cathy Yeulet, 80, 98; cypher0x, 15; dionisvera, 27; Dmitriy Shironosov, 15; Dmitry Ageev, 63; donatas1205, 85; Ekarin Apirakthanakorn, 113; elenathewise, 119; eranicle, 123; Eric Isselee, 53, 57, 153; Evgenii Zadiraka, 86; Feng Yu, 78; gozzoli, 87, 119; Iakov Filimonov, 133; Jiri Miklo, 23, 24; Jit Pin Lim, 87; khunaspix, 53; Ksenya Savva, 113; len4foto, 37; leonori, 60; Leung Cho Pan, 37; liliya kulianionak, 102; Maciej Maksymowicz, 60; Maksym Narodenko, 135; Marina Scurupii, 117; Matimix, 20; milkos, 76; monticello, 118; nito500, 46, 86; Paul Michael Hughes, 64; photodeti, 133; PhotosIndia.com LLC, 127; pichai pipatkuldilok, 59; Przemyslaw Koch, 153; rawpixel, 76; Roman Gorielov, 97; Roman Samokhin, 104, 135; sam74100, 6, 70; serezniy, 28, 45, 48, 126; Sergei Vinogradov, 126; Sergey Ilin, 43; siraphol, 112; srapulsar38, 112; szefei, 118; Thanyani Srisombut, 45; Tivadar Gelner, 77; tnehala, 46; utima, 25; Viktor Lugovskoy, 28; Wang Tom, 80; Bonsales, 20; **Pearson Brasil:** Mari Heffner, 34, 113; **Pearson Education Asia Ltd:** Leslie Lai, 84; **Pearson Education Ltd.:** Gareth Boden, 98, 123; Malcolm Harris, 119; Studio 8, 123; Tudor Photography, 117; **Shutterstock:** 2xSamara.com, 8; 4 PM, 80; 4Max, 43; aarrows, 111; acceptphoto, 56; AdrianC, 74; Africa Studio, 6, 8, 15, 35, 50, 53, 82, 96, 137; ajt, 43, 117; Aksenova Natalya, 46, 116; Alex Coan, 28; Alexander Raths, 76, 80; Alexia Khruscheva, 116; AlexSmith, 86; Alhad Pradip Barbade, 15; all_about_people, 111; Ana del Castillo, 113; Ana Gram, 133; Andrei Shumskiy, 97; Andresr, 133; Andrey Starostin, 89; Andrjuss, 73; Anna Nahabed, 74; ANURAK PONGPATIMET, 133; Aratehortua, 125; archana bhartia, 28; Ari V, 48; bay015, 75; Billion Photos, 43; BNMK 0819, 25; Boonchuay1970, 151; Brent Hofacker, 89; Bronwyn Photo, 107; brulove, 24, 27; Business stock, 53; Callipso, 119; Catalin Petolea, 16; Cathy Yeulet, 97; cherezoff, 73; ChrisMilesProductions, 65; component, 59; Coprid, 113; CristinaMuraca, 151; Daniel Prudek, 53; DarvidArt, 86; De Repente, 98; DenisNata, 74; design56, 45; Di Studio, 70; Digital Media Pro, 133; donatas1205, 35; dragon_fang, 6; Dstarky, 45; dyoma, 118; elena farutina, 59; Elena Schweitzer, 89, 107; Eric Isselee, 8, 53, 54, 55, 116, 119, 153; Erik Lam, 35; ESB Professional, 8; espies, 47; eurobanks, 112; FamVeld, 82; Fanya, 63; Fara Spence, 49; Fh Photo, 8; fizkes, 151; Fotofermer, 111; Freeograph, 80; Galyna Syngaievska, 116; Gcapture, 124; Goncharuk, 39; GoodWeen123, 73; gresei, 48; GVictoria, 73; Happy Together, 16; Hogan Imaging, 6; HomeStudio, 15, 111; Hong Vo, 112; ifong, 78; Igor Meshkov, 113; iko, 6; IKO-studio, 123; imagesbavaria, 15; Independent birds, 102; InesBazdar, 39; irin-k, 57; IrynMerry, 113; Jag_cz, 151; Jaimie Duplass, 74; Jeka, 88; JeniFoto, 50; JFunk, 76; JIANG HONGYAN, 25; JIANG HONGYAN, 84; Joern, 86; Jovica Varga, 151; Judy Kennamer, 16; Julia Kuznetsova, 103; Julia Remezova, 87; Kaesler Media, 35; karelnoppe, 106; Kdonmuang, 101; Khosro, 99; Kim Reinick, 50; Kingapl, 153; Kleber Cordeiro Costa, 8; koosen, 84;Kostiantyn Kravchenko, 59; Kovalchuk Oleksandr, 46; Kovaleva_Ka, 23, 104, 135; Krakenimages.com, 103; Kristina Rudkevica, 83; kurhan, 37; Laboko, 73; Larich, 16; LianeM, 56; LightField Studios, 70; Lio putra, 27; Littlekidmoment, 6, 20; Littlewitz, 49; Ljupco Smokovski, 73; Lorelyn Medina, 78; magicoven., 113; MAHATHIR MOHD YASIN, 65; Maks Narodenko, 23, 24, 27, 35; Marijus Seskauskas, 59; Mariyana M, 126; Marko Poplasen, 122; mashe, 50; matka_Wariatka, 65; Matt Antonino, 126; Mau Horng, 84; Max Krasnov, 84; mexrix, 151; Mihai Cristian Zaharia, 82; mihalec, 43; Mike Flippo, 151; Mirko Graul, 60; Monkey Business Images, 3, 6, 73, 82; MsMaria, 112; Nadiia Korol, 102; naluwan, 25; Neveshkin Nikolay, 35; nfmlk, 53; Nico Muller Art, 20; nikshor, 46; Oleg suhenco, 45; Oleksandr Kostiuchenko, 113; Olga Gavrilenko, 56; olga korotova, 48; Olga Nayashkova, 78, 153; Olga Popova, 112; Olhastock, 153; oorka, 118; OZ photo, 82; Patrick Foto, 97; Patryk Kosmider, 127; Paul Matthew Photography, 120; Pensiri, 27; Peter Zijlstra, 23, 27, 28; Phonix_a Pk.sarote, 122, 123; photomaster, 57; Piotr Kamionka, 59; pirke, 102; Pixel-Shot, 113; polya_olya, 97; Pressmaster, 20, 60; Red Confidential, 68, 153; Riccardo Mayer, 98; Richard Peterson, 78; Rido, 48; Rob Marmion, 70; rodho, 109; rodho, 24; RONORMANJR, 37; Ruth Black, 76; Sabphoto, 63; Sailorr, 104, 135; Samuel Borges Photography, 74; Sean Nel, 65; Seregam, 151; Serhiy Kobyakov, 107; Shutterstock, 16; Shyamalamuralinath, 43; sirtravelalot, 75; slowmotiongli, 23, 24; smereka, 56, 58; SmileStudio, 48; smishonja, 87; somchaij, 78; Songdech Kothmongkol, 126; SpicyTruffel, 29; Steshkin Yevgeniy, 57; Steve Cukrov, 127; Stokkete, 140; studioVin, 109; Sumruay Rattanataipob, 98; Superheang168, 23, 104, 135; supirak jaisan, 20; Svetoslav Radkov, 35; Svietlieisha Olena, 53; Tadeas Skuhra, 50; Tatyana Vyc, 6; tHaNtHiMa LiM, 126; The Art of Pics, 98; Thitiwat Samitinantana, 113; Tim UR, 23, 24, 39; tnehala77, 151; Toey Toey, 65; topseller, 70, 104, 109, 135; Tsekhmister, 53, 57; TY Lim, 73; Tyler Olson, 112; TZIDO SUN, 77; ucchie79, 98; ultimathule, 58; umarazak, 100; Valentina Razumova, 35; Valentyn Volkov, 104, 135; ValLiza, 97; Vasyliuk, 77; VectorUpStudio, 112; Veja, 115; Viktor Malyshchyts, 104; Viktor Malyshchyts, 135; Viktoriia Bondarenko, 57; Vilenija, 123; Vitalina Rybakova, 48; Vitaliy Karimov, 60; Vitaly Zorkin, 46; WAYHOME studio, 63; YAKOBCHUK VIACHESLAV, 69; Yellow Cat, 151; Zurijeta, 48, 70.

Every effort has been made to trace the copyright holders and we apologize in advance for any unintentional omissions. We would be pleased to insert the appropriate acknowledgement in any subsequent edition of this publication.

CONTENTS

SCOPE & SEQUENCE	IV
PRESENTATION	VIII
UNIT 1 — HELLO, NEW FRIENDS!	2
UNIT 2 — MATH IS FUN!	12
UNIT 3 — DO YOU LIKE BANANAS?	22
UNIT 4 — MY ABC	32
UNIT 5 — MY SCHOOL OBJECTS	42
UNIT 6 — LET'S VISIT A FARM!	52
UNIT 7 — MY BODY	62
UNIT 8 — HAPPY BIRTHDAY!	72
REVIEW UNITS	82
GLOSSARY	90
WORKBOOK	94
FAMILY GUIDE	128
AUDIO TRACKS	141
STICKERS	144

SCOPE & SEQUENCE

UNID.	TEMA	OBJETIVOS PRINCIPAIS	ESTRUTURAS
	**HELLO, NEW FRIENDS!**	• Apresentar e receber pessoas • Identificar e praticar pronomes pessoais e adjetivos possessivos	Welcome to our school! Thank you. This is (...). What's your name? My name's (...) / I'm (...). What's his/her name? His/Her name's (...). He's/She's a new student.
	MATH IS FUN!	• Contar de 11 a 20 • Resolver cálculos matemáticos simples (adição e subtração) • Revisar nomes de cores e brinquedos	Three plus five equals eight. Nine minus two equals seven.
	**DO YOU LIKE BANANAS?**	• Identificar algumas frutas • Discutir quais frutas eles gostam ou não gostam • Revisar os números até 20	Do you like (...)? Yes, I do. / No, I don't. What fruits do you like? What's your favorite fruit? I like/love (...). It's a/an (...).
	MY ABC	• Identificar as letras do alfabeto • Soletrar palavras • Reconhecer palavras, em ordem alfabética ou não • Revisar frutas, brinquedos e cores	How do you spell (...)? I like (...).

Referência: valores habilidades

VOCABULÁRIO	VALORES	PROJETO
hello, hi • bye-bye, goodbye • good morning/afternoon • boy, friend, girl, student • new • I, you, he, she, it, we, they • my, your, his, her, our	Welcome new friends at school. empatia amizade cooperação	A bookmark for my classmate criatividade
numbers from 11 to 20 • black, brown, gray, orange, purple, white • even, odd • ball, doll, teddy bear • equals, minus, plus	There are numbers everywhere! igualdade humildade	A spinner organização
apple, banana, grape, orange, papaya, pineapple, strawberry, watermelon • fruit salad • delicious, healthy	Fruit is healthy and delicious! responsabilidade autocontrole	Fruit skewers trabalho em equipe
revisão de vocabulário das lições anteriores	Let's read together! partilha perseverança	A letter made with things criatividade

Scope & Sequence

SCOPE & SEQUENCE

UNID.	TEMA	OBJETIVOS PRINCIPAIS	ESTRUTURAS
 5	MY SCHOOL OBJECTS	• Identificar objetos escolares • Reconhecer coisas que eles têm ou não têm • Perguntar e responder sobre cores • Praticar respostas curtas	This is my (...). Do you have a/an (...)? Yes, I do. / No, I don't. What color is your (...)? It's (...).
6	LET'S VISIT A FARM!	• Identificar animais da fazenda • Expressar preferências • Praticar respostas curtas usando o verbo *to be*	Is this a (...)? Yes, it is. / No, it isn't. Are they (...)? Yes, they are. / No, they aren't. What's your favorite animal? I love (...).
7	MY BODY	• Identificar partes do corpo • Usar pronomes demonstrativos nas formas singular e plural • Perguntar e responder sobre quantidades	This is my (...). These are my (...). How many (...) do you have? I have (...).
 8	HAPPY BIRTHDAY!	• Dizer quantos anos eles têm • Identificar vocabulário relacionado a celebrações e festas • Identificar formas de oferecer, aceitar e recusar alguma coisa e também expressar gratidão • Expressar o que querem ou não querem	How old are you? I'm (...) years old. Happy birthday to you! This gift is for you. Thank you. / You're welcome. What do you want for your birthday? I want a/an (...). What do you want to eat/drink? I want (...).

Referência: valores | habilidades

VOCABULÁRIO	VALORES	PROJETO
backpack, book, crayon, eraser, glue, pen, pencil, pencil case, ruler, scissors, sharpener • cup, desk, name tag • messy, neat • a, an	Keep your school objects organized. **disciplina responsabilidade comprometimento**	A name tag **comunicação**
bee, cow, duck, goat, hen, horse, pig, sheep • cheese, egg, food, honey, jam, milk • like, love	Farms give us food. **responsabilidade cooperação**	A small vegetable garden **liderança organização resolução de problemas**
arms, foot/feet, fingers, hands, head, legs, shoulders, toes, tummy • clap your hands, stamp your feet • left, right	It's important to take care of your body. **responsabilidade autoestima**	A "wash your hands" poster **comunicação trabalho em equipe pensamento crítico**
balloon, birthday card, birthday song, cake, candle, gift, party • French fries, juice, popcorn, sandwiches, soda, water	Celebrate good moments! **empatia amizade gentileza partilha**	A pop-up birthday card **criatividade**

Scope & Sequence VII

PRESENTATION

A coleção **Dream Kids** é composta por cinco volumes e foi especialmente criada para atender os alunos dos anos iniciais do Ensino Fundamental. Organizada por temas que fazem parte do dia a dia das crianças, a coleção oferece aos alunos inúmeras oportunidades de trabalho com as habilidades linguísticas, valores sociais e as habilidades intra e interpessoais que irão desenvolvê-los em sala de aula e como cidadãos.

Aos professores, **Dream Kids** oferece atividades exclusivas, planos de aula com orientações passo a passo e uma ampla variedade de recursos para capacitar e aplicar as melhores práticas para o ensino da língua inglesa.

CARACTERÍSTICAS PRINCIPAIS

- Conteúdo programático testado e comprovado, composto de itens lexicais, grupos de palavras e estruturas gramaticais mais importantes para os alunos dos anos iniciais.
- Atividades motivadoras, divertidas e desafiadoras, que suprem as necessidades linguísticas e cognitivas dos alunos, que respeitam o processo de alfabetização, e levam à construção gradual das habilidades de leitura e escrita.
- Bastante interação em sala de aula, dando aos alunos a oportunidade de usar a língua inglesa com confiança em atividades em duplas e em grupos.
- As atividades da seção **All about you!** permitem que os alunos expressem ideias e opiniões, desenvolvendo competências comunicativas e tornando a experiência de aprendizagem mais significativa.
- Trabalho com **valores sociais** fomenta conceitos como empatia, respeito e honestidade, bem como as habilidades intra e interpessoais de contextos e situações que fazem parte da vida dos alunos.
- Ao final de cada unidade, **projetos** acessíveis e centrados nos alunos, que oferecem a eles a oportunidade de praticarem e mostrarem o que aprenderam, de maneira concreta e criativa.
- Atividades da seção **Family Guide**, a serem realizadas em casa pelos alunos e membros da família, que são envolvidos no processo de aprendizagem do aluno.

PRINCÍPIOS PEDAGÓGICOS DA COLEÇÃO

CICLO DA LIÇÃO: *WATCH! – LEARN! – DO!*

Cada unidade do **Dream Kids** contém três lições que trabalham o conteúdo e que são organizadas em um ciclo de ensino-aprendizagem com três passos:
- *Watch!* é o momento da apresentação do conteúdo.
- *Learn!* é o momento para a prática controlada do conteúdo.
- *Do!* é o momento de os alunos usarem, em atividades personalizadas, tudo o que aprenderam.

O ciclo *Watch! – Learn! – Do!* é uma abordagem de ensino de língua comprovada, que oferece aos alunos uma progressão lógica ao longo das unidades e dos diferentes volumes. Além de facilitar o planejamento da aula, essa abordagem funciona em cenários docentes distintos, como em salas de aula numerosas e em turmas com níveis de aprendizagem diversos.

UM CURRÍCULO À BASE DE VALORES

De acordo com a publicação da UNESCO, *Teaching Respect for All – Implementation Guide*, "um currículo deve ser desenhado à base de valores como cultura da paz, direitos humanos, tolerância e respeito." (p. 19) Assim como em qualquer outra prática educacional do currículo, o ensino de um idioma não deveria focar somente na aquisição linguística, mas também na educação integral do indivíduo.

Cada unidade do **Dream Kids** traz uma lição dedicada aos **valores sociais**, cujo objetivo é ajudar os alunos a desenvolver conceitos como empatia, honestidade, respeito, cooperação e responsabilidade, entre outros. Eles são apresentados e discutidos de forma contextualizada, através de exemplos e atividades concretas que fazem parte do dia a dia dos alunos, as quais os ajudam a refletir sobre suas atitudes, estabelecendo, assim, uma conexão entre o conteúdo linguístico e o mundo.

INCLUSÃO

A coleção **Dream Kids** apresenta a diversidade através de imagens e atividades, permitindo, portanto, que todo aluno se sinta representado e incluído. Além disso, o projeto visual também foi cuidadosamente desenvolvido para auxiliar alunos com TDA (Transtorno de Déficit de Atenção) e alunos portadores de deficiência visual a trabalharem melhor com o conteúdo impresso.

THE GLOBAL SCALE OF ENGLISH (GSE)

O conteúdo da terceira edição do **Dream Kids** foi alinhado aos objetivos de aprendizagem para crianças, constituídos no *Global Scale of English (GSE)*. O GSE é uma escala padrão que mede a proficiência da língua inglesa. A escala descreve o que os alunos conseguem realizar em cada etapa de sua jornada de aprendizagem em relação as habilidades oral, auditiva, de leitura e escrita.

COMPONENTES

Para os alunos:
- *Student's Book* com *Workbook* integrado e atividades do *Family Guide*
- Recursos digitais

Para os professores:
- *Teacher's Guide*
- *Flashcards*
- Recursos digitais

RECURSOS DIGITAIS

A terceira edição do **Dream Kids** oferece a professores e alunos uma ampla variedade de recursos no *Pearson English Portal*:
- *Audio pack* com as faixas a serem utilizadas nas atividades de compreensão auditiva
- Músicas (para os Níveis 1 e 2)
- Vídeos (que fazem parte das aulas de *Review*)
- Roteiros dos vídeos
- Atividades interativas
- Atividades para datas comemorativas
- Provas e gabaritos
- *E-books* do *Student's Book* e do *Teacher's Guide*
- Mapeamentos de BNCC, CLIL e de valores/habilidades intra e interpessoais
- Banco de jogos

SOBRE OS COMPONENTES

1. STUDENT'S BOOK

O *Student's Book* está organizado em oito unidades regulares, para uma ou duas aulas por semana, contendo atividades de leitura, produção escrita[1], conversação e compreensão auditiva. Está organizado da seguinte forma:
- Oito unidades de 10 páginas cada
- Quatro unidades de revisão que incluem atividades de vídeo
- Glossário
- *Workbook*
- *Family Guide*
- Adesivos para atividades (para os Níveis 1 e 2)

Cada uma das oito unidades do **Dream Kids** está estruturada conforme descrito abaixo:
- **Unit Opener:** seção de duas páginas com uma cena que apresenta o tema da unidade, os principais grupos de palavras e o vocabulário. O conteúdo novo é apresentado e praticado com suporte de áudio. Esta parte da unidade pode ser integrada à Lição 1 ou usada de forma separada, conforme as necessidades dos alunos e professores.
- **Lições 1-3:** cada lição pode ser considerada um ciclo de aprendizagem, organizada em três passos, **Watch!**, **Learn!**, **Do!**, conforme mencionado anteriormente.
  - Em **Watch!**, o novo conteúdo é apresentado. Os alunos são expostos ao vocabulário, aos grupos de palavras e às estruturas em contextos familiares, com suporte visual e de áudio.
  - Nos Níveis 1 e 2, em uma das lições, o conteúdo é apresentado através de uma **música**. A utilização de músicas nas lições permite que o conteúdo seja reforçado em um contexto natural.
  - Nos Níveis 3 a 5, os alunos começam a trabalhar gradualmente com **textos**, para o desenvolvimento das habilidades de compreensão.
  - Em **Learn!**, o novo conteúdo é praticado. Os alunos têm a oportunidade de consolidar o que aprenderam e melhorar seu desempenho por meio de diversas atividades motivadoras.
  - Em **Do!**, os alunos usam o novo conteúdo em atividades de conversação e de produção escrita, geralmente em pares ou em grupos pequenos. O ícone *All about you!* indica enunciados com atividades personalizadas.
- **Values:** seção de uma página que conecta o aprendizado da língua a conceitos fundamentais para uma coexistência pacífica: empatia, honestidade, respeito, cooperação, responsabilidade e outros. Um ou mais conceitos são discutidos em contexto para ajudar os alunos a desenvolvê-los.
- **Project:** seção de uma página que propõe o desenvolvimento de um **projeto** simples, livre de estresse, factível para grupos grandes e heterogêneos. O projeto reflete o resultado dos alunos no processo de aprendizagem ao longo de toda a unidade.

---

[1] Em *Dream Kids 1*, os alunos começam a desenvolver as habilidades de leitura e escrita através de palavras isoladas e são expostos a textos escritos. Entretanto, não esperamos que esses alunos desenvolvam a leitura e a escrita de forma autônoma.

As atividades do **Dream Kids** são simples e exclusivas. Além disso, os ícones ajudam os alunos a compreenderem as tarefas:

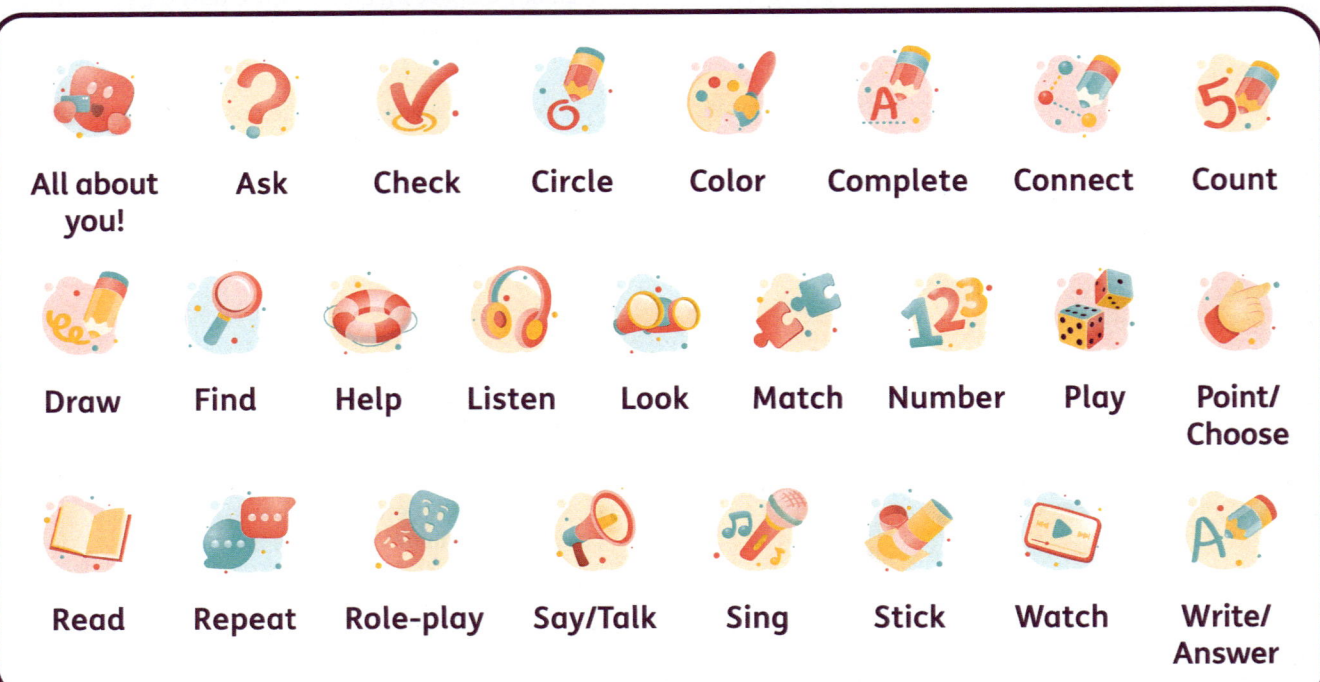

O conteúdo adicional que se encontra no final do *Student's Book* otimiza o processo de ensino-aprendizagem.
- **Unidades de revisão** recapitulam e consolidam o conteúdo estudado pelos alunos. Organizada em duas páginas, cada **Review** foca em duas unidades, com atividades que deverão ser realizadas em sala de aula.
- **Glossário** que lista, com a tradução correspondente, os principais itens lexicais de cada nível.
- **Family Guide**, um recurso ímpar do **Dream Kids**. Constitui-se de uma ou duas atividades simples por unidade, que devem ser realizadas em casa, pelos alunos e seus familiares, cujo objetivo é estabelecer conexões mais próximas entre a escola e as famílias dos alunos. A página de introdução oferece dicas para as famílias sobre como realizar as atividades com as crianças; fornece, ainda, informações adicionais sobre as lições.

2. WORKBOOK

O **Workbook**, composto por oito unidades com quatro páginas cada, colorido e integrado ao *Student's Book*, oferece aos alunos a oportunidade de revisão e consolidação do vocabulário, estruturas e grupos de palavras estudados nas unidades. A quantidade e complexidade das atividades em cada unidade aumentam de um nível para o outro.

A última página de cada unidade do **Workbook** traz a seção **Grammar Corner**. Esta seção foca em um ponto gramatical da unidade, introduzido em contexto e com suporte visual. Após a apresentação, há uma atividade para a prática do ponto gramatical. Os professores podem trabalhar com o ponto gramatical e a respectiva atividade em sala de aula ou passar como tarefa de casa.

As outras atividades do **Workbook** também podem ser passadas como tarefa de casa ou podem ser realizadas em sala de aula, dependendo da carga horária da turma. Os lembretes para a atribuição e correção da tarefa de casa estão inclusos nas orientações do *Teacher's Guide*.

3. TEACHER'S GUIDE

O *Teacher's Guide* traz as miniaturas das páginas do *Student's Book*, com respostas para todas as atividades. Ao seu redor, estão as orientações passo a passo dos planos de aula, organizado conforme descrito abaixo:
- A atividade na seção **Opening** ajuda os alunos a se conectarem com a aula de inglês, afastando-os de qualquer atividade que estava sendo realizada na língua materna (L1). As atividades são rápidas e divertidas e exigem pouca preparação por parte do professor. Elas revisam conteúdo de aulas anteriores e despertam interesse e motivação em relação à aula.
- Na sequência, o professor encontra orientações sobre cada atividade do *Student's Book*; que seguem os princípios pedagógicos estabelecidos pelo **Dream Kids** de dar suporte aos professores e minimizar o planejamento.
- Uma atividade na seção **Closing** fecha a unidade de forma divertida e envolvente, deixando claro aos alunos que um ciclo de aprendizagem terminou.

Além das atividades de **Opening**, **Closing** e das orientações, o professor encontrará o seguinte conteúdo adicional como suporte para seu trabalho:

- Um *box* no início das unidades apresenta os **objetivos de aprendizagem**, indica os **materiais** a serem usados e se há qualquer preparação necessária para a realização das atividades. Nas Lições **Values** e **Project**, os valores e habilidades a serem desenvolvidos ao longo daquela lição também estão listados.
- Próximo as orientações para cada atividade de compreensão auditiva, há um *box* com a **transcrição de áudio**. As transcrições das **músicas** podem ser encontradas nas miniaturas das páginas do *Student's Book*.
- Os *boxes* **Dica** chamam a atenção para aspectos importantes de uma atividade, que podem ser esquecidos, ou sugerem orientações alternativas para a realização de uma atividade.
- Os *boxes* **Conexão CLIL** promovem oportunidades para o trabalho com outras disciplinas, como matemática, geografia, história etc. Caso você queira expandir os objetivos de aprendizagem dos alunos e conhecer mais sobre as oportunidades de trabalho com CLIL nesta coleção, acesse o *Pearson English Portal*.
- Os *boxes* **Lembrete** referem-se aos materiais que os professores precisam pedir para a família dos alunos, ou à alguma preparação especial necessária para a aula seguinte.
- Os *boxes* de **Workbook** sugerem quais atividades podem ser passadas como tarefa de casa, depois que o conteúdo correspondente no *Student's Book* tiver sido trabalhado.
- Os *boxes* de **Family Guide**, ao final ou início da unidade, têm o objetivo de lembrar os professores de conversar com os alunos sobre as atividades que eles deverão realizar ou que já realizaram em casa com suas famílias.

4. FLASHCARDS

Cada volume da coleção **Dream Kids** conta com uma quantidade de *flashcards* com o vocabulário principal das unidades. Eles são usados para apresentar, praticar e consolidar o vocabulário através de uma variedade de atividades e jogos. Há orientações no *Teacher's Guide* sobre como os *flashcards* podem ser usados.

APROVEITANDO AO MÁXIMO O DK 3.0

1. EXPRESSÕES E VOCABULÁRIO DE SALA DE AULA

Estimular os alunos dos anos iniciais do Ensino Fundamental a usar o inglês é fator fundamental no processo de aquisição da língua e esta atitude pode ser promovida com o **Dream Kids**.

A lista dos grupos de palavras apresentada a seguir, deve ser personalizada de acordo com cada contexto de ensino. Os professores podem criar pôsteres com as frases e pendurá-los nas paredes da sala de aula, ajudando os alunos a usá-las ao longo do ano.

Greetings
Good morning/afternoon!
Hello! / Hi!
How are you? I'm fine/OK/good.
Goodbye! / Bye! / Bye-bye!
Have a nice weekend!

Asking for help/words
I don't understand.
Can you help me, please?
Can you repeat, please?
What page, please?
What does (...) mean?
How do you say (...) in English?
How do you spell (...)?
How do you pronounce (...)?

Students' questions
Can I come in?
Can I go to the restroom?
Can I drink some water?
Can I open/close the window?

Apologizing
I'm sorry.
Sorry about that.
Sorry, I'm late.

Thanking
Thanks.
Thank you (very much).

Classroom commands
Pay attention, please.
Silence, please.
Open/Close your books.
Come here. / Come in.
Come to the front. / Come to the board.
Go back to your seats.
Sit down. / Stand up.
Look at me.
Show me your (pencil).
Are you ready?
Wait, please. / Just a minute.

Praising and encouraging
Great! / Good job! / Good effort! / Awesome! / Congratulations! / Very good! / That's right!

2. USO DA L1 NA SALA DE AULA

O inglês deveria ser o veículo principal de comunicação na sala de aula. No entanto, às vezes, pode ser necessário usar a L1 para contextualizar o tópico a ser trabalhado antes de os alunos começarem a usar o idioma nas atividades. Alguns usos apropriados da L1 (pelo professor) são:
- Quando a mímica, desenho ou exemplificação de uma palavra ou estrutura não for suficiente para a compreensão dos alunos.
- Para a administração da aula, quando a orientação ou regra em inglês não estiver sendo compreendida.
- Ao discutir assuntos relacionados a questões interculturais, valores, e ao apresentar um cenário mais complexo.
- Ao verificar a compreensão dos alunos em relação ao tópico ou língua-alvo.

Da mesma forma, o uso da L1 pelos alunos deve ser desencorajado e as ideias expressas por eles em L1 deverão ser reformuladas para que eles entendam o que se espera deles. Todavia, o uso da L1 em algumas situações deverá ser permitido, como quando os alunos quiserem verificar a sua compreensão, perguntar como se fala uma palavra ou expressão e quando houver uma discussão que demande o uso de estruturas mais complexas. Nessas situações, estimule e/ou aceite uma mistura do uso da L1 e do inglês.

3. A ADMINISTRAÇÃO DA AULA

As orientações encontradas nas unidades do *Dream Kids* são flexíveis e permitem que os professores façam escolhas ao planejar e ensinar as lições, de acordo com seu contexto. Para um ensino de qualidade, é essencial fazer um planejamento cuidadoso que antecipe problemas relacionados à administração da aula e que proponha soluções. Segue uma lista de dicas que podem ajudar:
- Planeje de forma cuidadosa o tempo da aula, incluindo o tempo que se leva para cumprimentar os alunos, fazer a chamada e trabalhar com as atividades de *Opening* e *Closing*. Tenha em mente o tempo que cada atividade levará para ser realizada, considerando seus alunos e o contexto de ensino.
- Certifique-se de ter todos os materiais necessários para dar aquela aula, de acordo com seu planejamento. É sempre bom ter materiais extras à mão.
- Estabeleça, com os alunos, as regras para a sala de aula no início do ano letivo. Você poderá criar um contrato com eles e nele deverão constar todos os acordos. Os alunos dos anos iniciais precisam dessas regras para se sentirem confortáveis e para trabalharem bem em sala de aula. É fundamental que elas sejam seguidas consistentemente durante o ano.
- Com as atividades do *Opening* e *Closing*, os ciclos das lições do *Dream Kids* já estabelecem uma rotina de aula. Contudo, os professores talvez ainda sintam que seus alunos, principalmente os mais jovens, necessitem de uma rotina ainda maior. Os professores podem escolher começar cada aula com um cumprimento e pedir aos alunos que os cumprimente também. Com os alunos mais velhos, os professores podem escrever no quadro os objetivos da aula e ticá-los na medida em que eles forem trabalhados durante a aula.
- Trabalho em duplas e em grupos podem ser barulhentos nas salas de aula dos anos iniciais. No entanto, eles são essenciais para a construção das habilidades comunicativas em inglês, bem como para o desenvolvimento das habilidades intra e interpessoais:
  - Nas orientações para estes tipos de atividade em *Dream Kids*, recomenda-se primeiramente que os professores organizem a turma para depois passar as instruções para a realização da tarefa. Assim que estiverem organizados em duplas ou em grupos, eles tendem a prestar mais atenção nas orientações e poderão começar a trabalhar imediatamente. Contudo, os professores deverão considerar seus contextos de ensino com cuidado para escolher a melhor configuração.
  - Havendo restrição de movimentação na sala de aula, os alunos poderão trabalhar em duplas com o colega do lado/de trás/da frente. É importante alterar as duplas para que os alunos possam trabalhar com vários colegas diferentes.

4. MONITORANDO E CORRIGINDO OS ALUNOS

As orientações em *Dream Kids* sugerem que os professores monitorem os alunos nas diferentes atividades. Andar pela sala de aula permite que os professores supervisionem o trabalho dos alunos e previnam problemas de disciplina. Além disso, mostra aos alunos que o professor está interessado no desempenho deles e, ainda, neles como seres humanos. Enquanto monitora, os professores podem fazer perguntas, dar *feedback*, estimular o uso do inglês e corrigir possíveis erros.

Ao ensinar alunos dos anos iniciais, coloque como prioridade a construção da confiança, a promoção da motivação, o estímulo da comunicação, e demonstre aos alunos que aprender inglês pode ser divertido, dentre outras coisas. Contudo, os momentos para correção também são importantes. Todo professor tem suas estratégias de correção, mas abaixo apresentamos uma lista com algumas dicas e sugestões:
- Ao planejar sua aula, defina o conteúdo que talvez seja mais desafiador para os alunos e pense antecipadamente em como intervir e dar *feedback*, especialmente durante as atividades das seções *Learn!* e *Do!*
- Ao explicar uma tarefa, certifique-se de demonstrá-la, exemplificando com as possíveis respostas corretas.
- Ao detectar um erro, tente ajudar os alunos a se corrigirem antes de corrigi-los. Os professores podem reformular as falas dos alunos, pausando antes do erro cometido, por exemplo.

5. AJUDANDO OS ALUNOS COM DIFICULDADES E MANTENDO A MOTIVAÇAO DOS ALUNOS
EARLY FINISHERS E HIGH ACHIEVERS

Dream Kids atende às necessidades de turmas numerosas, oferecendo a quantidade adequada de desafios linguísticos e cognitivos nas atividades propostas. Contudo, em alguns momentos, as aulas precisam ser modificadas para atender às necessidades de determinados alunos. Abaixo algumas dicas para ajudar alunos com dificuldades a ter sucesso nas aulas:

- Desmembre a tarefa em partes e oriente os alunos em cada uma; faça isto pelo menos na primeira vez que eles estiverem fazendo uma determinada atividade.
- Avalie as necessidades individuais e ofereça tarefas de reforço de acordo com as necessidades dos alunos.
- Ofereça mais recurso visual ou escrito para auxiliar os alunos com o conteúdo que eles precisarão usar.
- Estimule a colaboração das duplas antes de pedir que façam um trabalho individual sobre um determinado assunto.

Abaixo algumas dicas para manter os alunos **early finishers** e **high achievers** ocupados e motivados:

- Esses alunos podem atuar, de vez em quando, como assistentes. Esta estratégia deverá ser usada de forma moderada para evitar possíveis conflitos e também a baixa de auto-estima dos alunos que estão sendo monitorados.
- Esses alunos podem ser desafiados a expandir seu trabalho. Eles podem acrescentar novos elementos às atividades, estender a prática da conversação e criar jogos.
- Os professores podem propor um projeto especial a ser realizado por esses alunos.
- *Graded readers* podem ser mantidos em sala de aula ao alcance, em uma caixa ou cesta. A qualquer momento, assim que tiverem terminado suas atividades, os alunos poderão pegar um livro para ler, enquanto esperam os colegas terminarem suas atividades.

6. OUTRAS DICAS

- Ao planejar as aulas, preste bastante atenção aos **objetivos de aprendizagem** de cada lição; eles apresentam os resultados que são esperados dos alunos. Os professores também podem acrescentar outros objetivos e metas, tanto de conteúdo como de atitude/comportamento.
- Crianças gostam e aprendem melhor quando há utilização de **recurso visual**. Não se esqueça dos *flashcards*; planeje utilizá-los em diferentes momentos da aula e use-os além das atividades sugeridas. A utilização de *realia* é recomendada sempre que possível.
- Todas as atividades da coleção *Dream Kids* foram pensadas para estimular o trabalho oral e escrito dos alunos. Mesmo quando os alunos estiverem realizando uma atividade prática, estimule-os a usar a L2 e participar de **diálogos curtos e abertos**.
- Ao ler os enunciados e explicar as atividades, ajude os alunos a associarem as **ações** com os **ícones**. Isso os ajudará a entender melhor as instruções, além de torná-los mais autônomos na sala de aula no longo prazo.
- Estimule os alunos a usarem o **Glossary**, localizado ao final do *Student's Book*, toda vez que eles tiverem dúvidas sobre algum item lexical encontrado nas atividades.

REFERÊNCIAS BIBLIOGRÁFICAS

Dudley, E. and Osváth, E. *Mixed-Ability Teaching*. Oxford: Oxford University Press, 2016.

Esteves, V. R. *ETpedia Young Learners*: 500 ideas for English teachers of Young Learners. Hove: Pavillion Publishing and Media, 2016.

GSE Global Scale of *English Learning Objectives for Young Learners*. Harlow: Pearson Education Limited, 2019.

Harmer, J. *The Practice of English Language Teaching*. Harlow: Pearson Education Limited, 2007.

Pinter, A. *Teaching Young Learners*. Oxford: Oxford University Press, 2006.

Renshaw, J. *Boost! Grammar*. Hong Kong: Longman Asia Ltd., 2007.

Scrivener, J. *Classroom Management Techniques*. Cambridge: Cambridge University Press, 2010.

UNESCO. *Embracing Diversity*: Toolkit for Creating Inclusive, Learning-Friendly Environments. Paris: UNESCO, 2015.

UNESCO. *Teaching Respect for All*. Paris: UNESCO, 2014.

Vale, D. and Feuntem, A. *Teaching Children English*: A training course for teachers of English to children. Cambridge: Cambridge University Press, 2012.

UNIT 1

HELLO, NEW FRIENDS!

UNIT OPENER

OBJETIVOS
- Reconhecer a linguagem para apresentar alguém e receber pessoas

MATERIAIS
Uma canção animada em inglês, *audio pack*, bolas macias (uma para cada cinco a seis alunos)

OPENING

Inicie a aula tocando uma canção animada. Então, pause a música e se apresente em inglês, dizendo: *My name's (your name) and I'm your teacher. Welcome!*

1. Look and listen.
Peça que os alunos abram o *Student's Book* nas páginas 2 e 3. Explore a imagem com a turma e pergunte: *Where are the children? Do they know each other? What are they talking about?* Verifique se os alunos entenderam as palavras *student* e *teacher*. A esta altura, podem ser aceitas respostas em L1 (veja a *Presentation*).

Depois de ouvir as ideias dos alunos, explique que este é o primeiro dia de aula das crianças no segundo ano, e que há uma nova aluna na escola. Peça que apontem para a nova aluna na imagem. Diga: *The teacher is introducing the girl. Let's listen to the teacher and the students.*

Reproduza o áudio duas vezes (Faixa 02) enquanto mostra seu livro aos alunos e aponta para os balões de fala. Se houver novos alunos em sua turma, use a estrutura para apresentá-los. Peça aos outros alunos que os deem boas vindas.

Audio script (Faixa 02)
1. Look and listen.
    Teacher: This is Olivia. She's a new student. 
    Bruno: Welcome to our school!
    Olivia: Thank you.

2. Listen, find, and repeat.
Chame a atenção dos alunos para a imagem. Pergunte: *What are the children doing?* Leia os balões de fala em voz alta. Em seguida, pergunte: *Who is the new student in this picture?* Dê aos alunos algum tempo para pensarem e responderem (a menina de cabelos claros). Reproduza o áudio (Faixa 03) para os alunos repetirem.

Audio script (Faixa 03)
2. Listen, find, and repeat.
    Boy: Welcome to our school!
    Girl: Thank you!

Dica: Não é esperado que os alunos leiam as frases de forma autônoma neste momento.

CLOSING

Leve os alunos para fora da sala de aula ou arrume um espaço e organize-os em grupos de cinco ou seis integrantes. Peça que se sentem em círculos para jogar *Hot potato*. Toque uma canção enquanto os alunos passam uma bola entre eles. Quando pausar a música, o aluno que estiver segurando a bola em cada grupo se apresenta dizendo: *Hi!* ou *Hello!* e *My name's* (*student's name*). Se o aluno for novo na escola, os outros membros do grupo podem dizer: *Welcome to our school!*

OBJETIVOS
- Praticar linguagem utilizada para saudações e apresentações

MATERIAIS
Tiras de papel com as palavras das frases *Welcome to our school!* e *Thank you!* (cada palavra escrita em uma tira de papel, um conjunto para cada cinco a seis alunos), adesivos, lápis de cor

OPENING

Organize a turma em grupos de cinco ou seis. Distribua os conjuntos com as palavras para formar as frases *Welcome to our school!* e *Thank you!* e peça aos alunos que organizem as tiras em duas frases. Dê dois minutos para a tarefa. Cheque as respostas com toda a turma.

1. Listen and connect.

Peça que os alunos abram o *Student's Book* na página 4. Chame a atenção dos alunos para a história em quadrinhos e os incentive a descrever a situação. Ajude-os a perceber que as imagens mostram os mesmos alunos da imagem de abertura, perguntando: *Do you know these students?* Explique que Olivia agora está conversando com alguns outros colegas de turma.

Reproduza o áudio uma vez (Faixa 04) enquanto aponta para as crianças nas imagens. Peça aos alunos que prestem atenção aos nomes das crianças.

Em seguida, reproduza o áudio novamente. Diga aos alunos: *Say the names of the children in the audio.* Reproduza o áudio pela terceira vez, agora para os alunos ligarem os personagens às frases.

Por fim, peça a um aluno que mostre à turma seu livro com as respostas enquanto você as escreve no quadro.

Audio script (Faixa 04)
1. Listen and connect.
   Bruno: Hello, Olivia. I'm Bruno.

---

1 Listen and connect.

I'm Bruno. | I'm Mia. | My name is Olivia. | My name is Ben.

4 FOUR

Olivia: Hi.
Bruno: Welcome to our school.
Olivia: Thank you.
Bruno: This is my friend, Mia.
Olivia: Hi, Mia. How are you?
Mia: Fine, thanks.
Olivia: Look! That's Ben. He's a new student, too.
Ben: Hi!
Bruno: Hello, Ben. How are you?
Ben: I'm good!
Mia: Welcome to our school.
Ben: Thank you.

Conexão CLIL: Você pode aproveitar esta oportunidade e explorar ciências sociais com uma atividade sobre como as pessoas se comprimentam em diferentes culturas, disponível no Portal.

2 **Listen**, **stick**, and **say**.

 LEARN

| a | Two girls greeting each other | b | Teacher on videoclass waving goodbye | c | Two girls arriving and greeting two boys |

A: Hello!
B: Hi!

A: Goodbye, children!

A: Good afternoon, Lucas and Tom.
B: Hi, girls!

3 **Read** the sentences and **draw**. DO

a Students draw a teacher receiving his/her students in the morning.

b Students draw a teacher saying bye to his/her students.

Good morning, children!   Goodbye, class!

FIVE **5**

---

b. **Teacher:** Goodbye, children.
c. **Girl 3:** Good afternoon, Lucas and Tom.
   Boys: Hi, girls!

DO!

3. **Read the sentences and draw.**
Leia as falas com a turma e pergunte: *Who is saying this?* (*a teacher*). Explique aos alunos que eles farão um desenho para ilustrar as frases. Indique o espaço para os desenhos. Diga para usarem lápis de cor. Caminhe pela sala de aula para monitorar a tarefa.

CLOSING

Peça aos alunos que compartilhem seus desenhos em duplas ou pequenos grupos.

Workbook: A tarefa de casa sugerida para esta lição são as Atividades 1 e 2 na página 96. Lembre-se de demonstrar as atividades em aula antes de passá-las como tarefa de casa.

LEARN!

2. **Listen, stick, and say.**
Explore os diálogos e frases com a turma. Peça aos alunos que imaginem quem está falando e onde eles estão.
   Mostre aos alunos os adesivos na página 151. Peça que descolem os adesivos desta atividade com cuidado, e colem as pontas deles na borda de suas carteiras. Em seguida, explique que você vai reproduzir o áudio para ajudá-los a colocar o adesivo correto para cada diálogo/frase. Reproduza o áudio (Faixa 05), pausando para que os alunos tenham tempo para fazer a tarefa. Por fim, peça aos alunos que pratiquem as frases do diálogo em duplas.

Audio script (Faixa 05)

2. Listen, stick, and say.
   a. **Girl 1:** Hello!
      Girl 2: Hi!

Unit 1   **5**

LESSON 2

OBJETIVOS
- Identificar e praticar pronomes pessoais (*he, she, it, they*) e pronomes possessivos (*my, your, his, her*)
- Revisar saudações

MATERIAIS
Audio pack, lápis de cor, setas de cartolina (duas para cada seis a oito alunos)

OPENING

Peça aos alunos que olhem para a Atividade 2 na Lição 1 novamente. Aponte para um dos adesivos e diga uma frase sobre ele. Se sua frase estiver correta, os alunos se levantam; se não estiver, permanecem sentados. Por exemplo, diga: *Hello!* e aponte para o adesivo que mostra *Goodbye, children!* Repita o procedimento algumas vezes.

Em seguida, corrija a tarefa de casa antes de passar para as próximas atividades da lição.

WATCH!

1. Listen and circle the names. Then sing.

Peça que os alunos abram o *Student's Book* na página 6. Explore as imagens da Atividade 1 com a turma, pedindo aos alunos que apontem para meninos e meninas. Explique que eles vão ouvir uma canção. Reproduza o áudio (Faixa 06).

A seguir, peça que selecionem quatro lápis de cor – vermelho, verde, azul e laranja. Explique que eles vão usá-los para circular os nomes que rimam.

Toque os dois primeiros versos da canção, pause e diga: *Circle Ariel in red. Which name rhymes with Ariel – Leah, Gabriel or Sophia?* (*Gabriel*). Peça aos alunos que circulem o segundo nome em vermelho. Repita com os outros nomes, usando cores diferentes (por exemplo, verde para *Leah* e *Sophia*, azul para *Chloe* e *Zoe* e laranja para *Jake* e *Blake*). Corrija as respostas com toda a turma.

Em seguida, leia a letra da música em voz alta e peça que repitam cada verso. Reproduza o áudio

novamente e incentive a turma a cantar junto. Como prática extra, você pode organizar a turma em grupos com oito alunos e atribuir um nome da canção a cada um. Eles cantam a música, apontando para as crianças quando o nome for citado na música. Se algum grupo tiver menos de oito alunos, você pode pedir a um ou dois alunos que apontem para duas das crianças.

LEARN!

2. Read, match the parts of the dialogues, and say.

Chame a atenção dos alunos para as frases e as leia em voz alta. Pergunte o que eles acham que devem fazer e, como exemplo, ajude-os a relacionar duas frases. Em seguida, peça que façam o resto da atividade individualmente. Monitore e ajude quem tiver mais dificuldade de leitura. Ao terminar, eles podem comparar as respostas em duplas. Corrija as respostas com toda a turma, fazendo com que diferentes alunos leiam as frases enquanto você as escreve no quadro.

3 **Listen** and **number**.

Olivia — 2 Mia — 3 Bruno — 1 Ben — 4

4 **All about you! Draw** and **role-play**.

Answers will vary.

Hello! What's your name?

My name's _____.

SEVEN 7

---

4. All about you! Draw and role-play.

Peça aos alunos que leiam o conteúdo dos balões de fala. Peça para se desenharem e, em seguida, que completem o balão de fala. Desafie quem acabar rapidamente a adicionar uma frase extra à cena.

Quando os alunos terminarem, diga: *Stand up. Walk around and ask your classmates the question in the balloon.* Ajude-os a executar a tarefa de forma organizada.

CLOSING

Organize a turma em grupos de seis a oito alunos, em círculos, e peça que fiquem de pé. Distribua as setas de cartolina. Peça aos alunos que se revezem na tarefa. Eles apontam para um colega usando as setas e dizem o nome dele (por exemplo, *His name's Matt. Her name's Laura.*) Eles podem apontar para si mesmos e dizer, *My name's (student's own name)*. Deixe claro que, quando usarem *his/her*, não podem falar diretamente com aquele aluno – quando fazem isso, eles precisam usar *your*.

> **Workbook:** A tarefa de casa sugerida para esta lição são as Atividades 3 e 4 na página 97. Lembre-se de demonstrar as atividades em aula antes de passá-las como tarefa de casa.

---

3. Listen and number.

Direcione a atenção dos alunos às imagens e pergunte: *Who are these children?* (*Olivia, Mia, Bruno* e *Ben*). Explique que eles devem escutar as crianças e numerar as figuras na ordem correta.

Reproduza o áudio (Faixa 07) e pause após cada número. Em seguida, toque novamente para verificarem as respostas.

> **Audio script** (Faixa 07)
>
> **3. Listen and number.**
>   1. **Bruno:** Good morning. My name's Bruno.
>   2. **Bruno:** Your name is Olivia.
>   3. **Bruno:** Her name is Mia.
>   4. **Bruno:** His name is Ben.

Unit 1 7

LESSON 3

OBJETIVOS
- Praticar o uso de pronomes pessoais (*he, she, it, they*) e de pronomes possessivos (*my, your, his, her*)

MATERIAIS
Audio pack, lápis de cor, imagens de crianças com seus animais de estimação

OPENING

Atribua os nomes das crianças da canção da Lição 2 para os alunos. Explique que você vai tocar uma canção e eles devem se levantar ao ouvir o nome que lhes foi dado. Toque a música (Faixa 06).

Em seguida, corrija a tarefa de casa antes de passar para as próximas atividades da lição.

WATCH!

1. Look, listen, and repeat.

Peça que os alunos abram o *Student's Book* na página 8. Chame a atenção para as imagens e peça que descrevam o que veem. Reproduza o áudio (Faixa 08) para os alunos ouvirem e repetirem as falas. Dê dois ou três exemplos com a estrutura, usando os alunos presentes.

Audio script (Faixa 08)
1. Look, listen, and repeat.
   a. She's a girl. Her name is Louisa.
   b. He's a boy. His name is Felipe.

Dica: Você pode ir ao quadro e explicar aos alunos que eles podem usar *is* ou a forma contraída *'s* nas frases. Dê diferentes exemplos.

LEARN!

2. Look, read, and connect.

Escreva frases no quadro usando as crianças da unidade (por exemplo: *Olivia is a new student. Bruno is a boy.*). Demonstre como podemos utilizar *he* e *she* para substituir os nomes. Use imagens de crianças e de animais de estimação para *they* e *it*.

8 Teacher's Guide

LESSON 3

1 Look, listen, and repeat.

She's a girl.
Her name is Louisa.

He's a boy.
His name is Felipe.

2 Look, read, and connect.

He   It   She   They

3 Read, circle, and write. Answers will vary.

a. His / (Her) name is _____.

b. (His) / Her name is _____.

8 EIGHT

Deixe as frases no quadro para a Atividade 3.
Explique a atividade e dê algum tempo aos alunos para que liguem as imagens aos pronomes. Corrija as respostas e as escreva no quadro.

3. Read, circle, and write.

Explore a imagem com a turma. Peça aos alunos que apontem para a menina e o menino e peça que digam *she* e *he*. Em seguida, revise o uso dos pronomes possessivos lendo em voz alta as sentenças da Atividade 1 novamente. Escreva também novas frases sobre as crianças ao lado das que você escreveu na Atividade 2. Use os pronomes possessivos *his* e *her*. (por exemplo: *She is a new student. Her name is Wendy. He's a boy. His last name is Oliveira.*). Ajude a turma notar que *she* e *he* são relacionados com *her* e *his*, convidando alguns alunos para ir até o quadro circulá-los.

Explique que, nesta tarefa, eles circularão o pronome possessivo correto e escolherão nomes para a menina e o menino. Eles podem escolher os nomes que quiserem. Peça a alguns alunos que compartilhem suas ideias com a turma.

4 Look, read, and circle.

a. What's his name?
b. What's her name?

a. What's his name?
b. What's her name?

5 Write, draw, and say. Answers will vary.

Her name's _____.
His name's _____.

NINE 9

---

4. Look, read, and circle.
  Leia as instruções e pergunte aos alunos o que eles devem fazer. Defina um tempo para fazerem a tarefa individualmente, prestando atenção ao uso de *his* e *her*. Verifique as respostas no quadro e peça aos alunos que respondam às perguntas. (*His name's Ben. Her name's Mia.*).

5. Write, draw, and say.
  Chame a atenção dos alunos para a Atividade 5. Explique que deverão escolher duas pessoas para desenharem, uma menina e um menino, e que escreverão o nome deles. Caminhe pela sala para monitorar o trabalho. Pergunte a alguns alunos, aleatoriamente: *Who is he/she? What's his/her name?*

CLOSING

Peça aos alunos que trabalhem em pequenos grupos e compartilhem seus desenhos e frases da Atividade 5.

Workbook: A tarefa de casa sugerida para esta lição é a Atividade 5 na página 98. Lembre-se de demonstrar a atividade em aula antes de passá-la como tarefa de casa.

Unit 1   9

VALUES AND PROJECT

OBJETIVOS
- Discutir a importância de ser legal com novos alunos

MATERIAIS

Cartões com as palavras *he, she, it, they, my, your, his, her*, fita adesiva, envelopes brancos (um por dupla), linhas coloridas, um furador, lápis de cor e canetinhas, algumas canções animadas em inglês, um marcador de página para usar de modelo, revistas, tesouras, cola

VALORES E HABILIDADES

Empatia, amizade, cooperação, criatividade

OPENING

Utilize fita adesiva para fixar os cartões com os pronomes pessoais e pronomes possessivos no quadro, em ordem aleatória. Em seguida, desenhe duas colunas. Peça a diferentes alunos que venham ao quadro e coloquem os cartões com os pronomes pessoais na primeira coluna e os pronomes possessivos na segunda.

Em seguida, corrija a tarefa de casa antes de passar para as próximas atividades da lição.

VALUES

WELCOME NEW FRIENDS TO OUR SCHOOL.

Peça que os alunos abram o *Student's Book* na página 10. Explore as imagens com a turma e pergunte: *Who is the new student? What are the other students doing? What are they saying?* Além disso, peça aos alunos para encontrarem semelhanças e diferenças entre as crianças nas figuras e eles próprios. Você pode aceitar L1 a esta altura. Em seguida, discuta com a turma a importância de acolher novas pessoas em nossa escola e o que eles podem fazer para ajudar os novos alunos e professores a se sentirem bem.

VALUES

Welcome new friends to our school.

 How should we welcome a new friend to school? **Draw**.

Answers will vary.

This is my friend. His/Her name is _____.

10 TEN

Escreva frases simples sobre esse tópico no quadro. Por exemplo: *It is important to have friends. Let's be nice to new friends. I love to make new friends.*

How should we welcome a new friend to school? Draw.

Chame a atenção da turma para o quadro e explique a tarefa. Caminhe pela sala de aula e monitore o trabalho dos alunos. Quando terminarem, peça a alguns alunos para irem à frente da turma e descreverem seus desenhos, dizendo quem é seu novo amigo: *This is my friend. His/Her name is* (name). Peça que eles digam o que estão fazendo para acolher o novo amigo.

PROJECT

A BOOKMARK FOR MY CLASSMATE

Explore a ilustração com a turma e pergunte aos alunos o que eles acham que farão. Apresente um marcador de página, escreva *bookmark* no quadro e pergunte:

10 Teacher's Guide

PROJECT

A bookmark for my classmate

1. **Discuss:** Answers will vary.

   a. Do you know your classmate well?

   b. Complete these boxes with information about your classmate.

Classmate's name	
Favorite color	
Favorite singer/band	
Favorite snack	

2. **Make a bookmark for your classmate. Follow the instructions.**

   a. Cut the corner of an envelope in the shape of a triangle.

   b. Use crayons, markers, or paint to color it. Use your classmate's favorite color.

   c. Decorate it with pictures of your classmate's favorite things.

   d. Write your classmate's name. You can use colorful letters.

ELEVEN 11

What is a bookmark? Mostre um modelo à turma. Então pergunte: *What do we use it for?* Ouça as ideias dos alunos. Explique sua função se necessário.

Organize os alunos em duplas. Explique que eles farão um marca páginas para seus colegas, mas antes, eles precisam descobrir algumas informações sobre seus colegas de turma. Chame a atenção para a Atividade 1 e peça que se revezem para fazer perguntas usando *What's your favorite (...)?* para completar o quadro. Demonstre como fazer as perguntas algumas vezes e escreva alguns exemplos no quadro. Monitore a atividade.

Em seguida, explique o projeto. Distribua os envelopes, um por dupla, e peça para cortarem os cantos (após essa etapa, eles ficarão com dois triângulos).

Um canto vai para cada aluno. Em uma face do marca páginas, os alunos escreverão o nome de seus colegas; no outro lado, recortam fotos de revistas ou desenham e colorem as preferências de seus colegas de acordo com o quadro apresentado em seus livros. Mostre o marca páginas que você preparou antes da aula novamente.

Enquanto os alunos trabalham, você pode tocar algumas canções de fundo em inglês. (Como sugestão, você pode começar a criar uma *playlist* com a ajuda dos alunos.) Caminhe pela sala de aula fazendo um furo no topo de cada marca pági-

nas. Peça aos alunos que escolham o pedaço de linha de sua preferência e os auxilie a passá-los pelo furo e amarrar.

CLOSING

Peça aos alunos que entreguem ao colega o marcador de página que fizeram. Eles podem dizer, *It's a bookmark for you.*

Workbook: A tarefa de casa sugerida para esta lição é a atividade da seção *Grammar Corner* na página 99. Leia os exemplos com os alunos e demonstre a atividade em aula antes de passá-la para casa.

Family Guide: Lembre os alunos de fazerem a atividade *Family Guide* na página 133 com um membro da família.

Unit 1

UNIT 2

MATH IS FUN!

UNIT OPENER

OBJETIVOS
- Identificar os números de 11 a 20
- Revisar os materiais escolares

MATERIAIS
Audio pack, cinco folhas de cartolina cortadas ao meio com os números de 11 a 20 escritos nelas, canetinhas, um envelope

OPENING

Comece a aula revisando os números de 1 a 10. Diga, por exemplo: *I have (four) books. (Student's name), how many books do you have?* Escreva no quadro os números que forem ditos. Você pode perguntar sobre outros objetos e criar um gráfico coletivo com os objetos e suas quantidades. Evite objetos que os alunos possam ter mais de 10 unidades.

Corrija a tarefa de casa antes de passar para as próximas atividades da lição.

Family Guide: Converse com os alunos sobre a atividade do *Family Guide*. Pergunte se eles a acharam fácil ou difícil e se gostaram de fazê-la com um membro da família. Em seguida, confira as respostas. Incentive-os a dizer algumas palavras ou expressões que usaram.

1. Look and listen. Then repeat.

Peça aos alunos que abram o *Student's Book* nas páginas 12 e 13. Chame a atenção deles para a cena da sala de aula. Peça aos alunos que digam quais itens eles sabem nomear e revise o vocabulário relacionado a materiais escolares.

Em seguida, aponte para o professor e diga: *This is Mr. Torres. What is he teaching?* Ouça as ideias dos alunos e aproveite a oportunidade para ensinar a palavra *math*.

MATH IS FUN!

Aponte para o título da unidade e leia-o em voz alta. Peça aos alunos que repitam e pergunte se concordam. Aponte para o quadro em seu livro e, lentamente, conforme aponta para cada cálculo, diga: *Fifteen plus three equals ...* e incentive os alunos a dizer a resposta.

Reproduza o áudio (Faixa 09) enquanto aponta para os balões de fala em seu livro. Depois, reproduza o diálogo novamente para que os alunos ouçam e repitam.

Audio script (Faixa 09)

1. Look and listen. Then repeat.
   Teacher: Fifteen plus three equals ... ?
   Student: Eighteen!

2. Listen, repeat, and find.

Peça aos alunos que fechem o *Student's Book* e mostre a eles os cartões com os números, apresentando um número de cada vez e pedindo que repitam as palavras. Ao terminar, coloque os cartões em um envelope para que você possa usá-los em aulas futuras.

Depois, é a vez do Aluno B "desenhar". Permita que eles consultem o *Student's Book* durante esta atividade. Caminhe pela sala de aula para monitorar o trabalho da turma e oferecer ajuda se necessário.

Em seguida, peça aos alunos que abram o *Student's Book* novamente e chame a atenção deles para os números na Atividade 2. Toque o áudio (Faixa 10) uma vez e peça à turma que repita cada número.

Diga aos alunos que existem alguns números escondidos na cena da sala de aula. Reproduza o áudio pela segunda vez, pausando-o após cada número para dar tempo aos alunos de encontrarem os números na cena.

Audio script (Faixa 10)

2. Listen, repeat, and find.
Eleven – twelve – thirteen – fourteen – fifteen – sixteen – seventeen – eighteen – nineteen – twenty

CLOSING

Organize os alunos em duplas – Aluno A e Aluno B. Peça a eles que joguem *Drawing in the air* usando os números que acabaram de aprender. O Aluno A usa o dedo indicador para "desenhar" no ar um número que o Aluno B deve adivinhar.

LESSON 1

OBJETIVOS
- Identificar e falar os números de 11 a 20
- Contar de 11 a 20
- Revisar cores e brinquedos

MATERIAIS
Cartões com os números de 11 a 20 (da Lição 1), fita adesiva, *audio pack*, lápis de cor

OPENING

Comece a aula revisando os números de 11 a 20 com os cartões. Mostre um número aos alunos e peça que o nomeiem. Repita o procedimento com todos os números. Em seguida, disponha todos os cartões no quadro, diga um número e peça a diferentes alunos que se dirijam ao quadro e toquem no cartão com o número que você disse. Continue até que todos os alunos tenham a oportunidade de participar da atividade. Se você tiver um grupo grande, pode colocar alguns números em cada lado do quadro e fazer com que dois alunos de cada vez toquem em cartões diferentes.

WATCH

1. Listen and say. Then connect.

Peça aos alunos que abram o *Student's Book* na página 14. Aponte para as cores, uma de cada vez, e pergunte: *What color is this?* Após a revisão das cores, pergunte aos alunos sobre números aleatórios: *What number is (blue)?* Em seguida, explique a atividade. Os alunos devem ouvir e falar as frases. Então eles vão conectar os números com as palavras. Reproduza o áudio (Faixa 11). Monitore a atividade e faça a correção das respostas no quadro.

Audio script (Faixa 11)
1. Listen and say. Then connect.
   a. Fifteen is blue.
   b. Fourteen is red.
   c. Eighteen is pink.
   d. Twenty is purple.
   e. Twelve is green.

LESSON 1

1 Listen and say. Then connect.

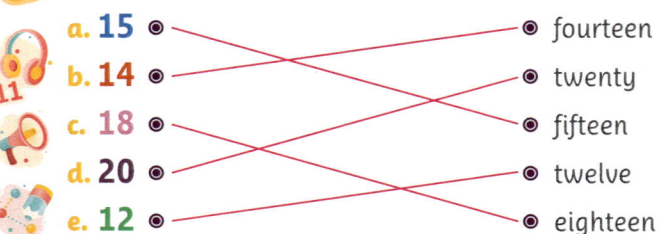

a. 15 — fourteen
b. 14 — twenty
c. 18 — fifteen
d. 20 — twelve
e. 12 — eighteen

2 Listen and number. Then sing.

1. Eleven, twelve, thirteen
   Let's learn a dance routine!
2. Fourteen, fifteen
   Touch your hair, touch your skin!
3. Sixteen, seventeen, eighteen
   Let's step out, let's step in!
4. Nineteen, twenty – now to wrap
   Let's all clap!

14 FOURTEEN

LEARN

2. Listen and number. Then sing.

Aponte para as ilustrações e faça aos alunos perguntas sobre elas. Ensine as palavras que serão usadas para as atividades na canção. Pergunte: *What are the children doing?* e ajude-os a entender que as crianças estão dançando. Em seguida, explique que o menino e a menina são irmãos e que o menino está ensinando uma coreografia à menina.

Toque a canção (Faixa 12) e peça aos alunos para numerar as imagens na ordem correta. Confira as respostas, lendo cada parte da música e pedindo aos alunos que mostrem a imagem correspondente para um colega sentado ao lado. Mostre também a imagem em seu livro. Então toque a música novamente e peça aos alunos que cantem junto.

3. Look, count, and write the number.

Aponte para as ilustrações e revise o vocabulário com a turma. Pergunte aos alunos o que eles acham que precisam fazer. Se eles usarem a L1, reformule o que disserem em inglês. Peça aos alunos que contem os itens e escrevam o número.

3 Look, count, and write the number.

a. 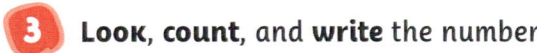 = __twelve__ teddy bears

b.   = __fourteen__ balls

c.  = __twenty__ Russian dolls

d.  = __eighteen__ pencils

e.  = __fifteen__ kites

4 Choose and color the numbers. Then talk to a classmate. Answers will vary.

11 12 13 14 15
16 17 18 19 20

Is number 11 yellow?
No, it isn't.
Is number 11 red?
Yes, it is!

FIFTEEN 15

CLOSING

Peça para a turma contar de 1 a 20 de maneiras diferentes: de dois em dois, de três em três (e pare no 18), de cinco em cinco e de trás para frente. Mostre a eles como fazer cada uma dessas formas e ajude-os, escrevendo o número no quadro se perceber que eles se perdem durante a contagem.

Workbook: A tarefa de casa sugerida para esta lição são as Atividades 1 e 2 na página 100. Lembre-se de demonstrar as atividades em sala de aula antes de passá-las para casa.

Incentive-os a tentar escrever sem olhar para a grafia da página anterior, mas deixe que façam isso se precisarem.

Monitore a atividade. Peça aos alunos que confiram as respostas em duplas antes de fazer a correção com toda a turma.

4. Choose and color the numbers. Then talk to a classmate.

Peça aos alunos que escolham algumas cores para os números, de preferência uma cor para cada número. Dê a eles um tempo para que façam a atividade de colorir. Então convide um ou dois alunos para encenar a conversa com você. Verifique se os alunos entenderam o diálogo. Em seguida, organize os alunos em duplas. Os alunos perguntam e respondem questões para adivinhar a cor que seus colegas escolheram para cada número. Exemplifique a atividade novamente se necessário. Determine um limite de tempo para a atividade e pergunte aos alunos quantos números e cores eles conseguiram adivinhar.

Unit 2 **15**

OBJETIVOS
- Nomear os números de 11 a 20 e alguns sinais matemáticos
- Resolver cálculos matemáticos simples (adição e subtração)

MATERIAIS
Audio pack, adesivos, tiras de papel com os números de 1 a 20, uma sacola escura

OPENING

Jogue *Tic-tac-toe* com a turma. Desenhe a grade do jogo no quadro e, em cada espaço, escreva um número de 1 a 20. Em seguida, divida a turma em dois grupos – *noughts* (O) e *crosses* (X). Chame um membro do grupo *noughts* e peça a ele que escolha um espaço e diga o número correspondente. Se estiver correto, ele pode desenhar um *nought* no espaço; se o número estiver errado, ele pode marcar o espaço com um X. Então é a vez do grupo *crosses*. Os grupos se revezam no jogo até que um deles consiga formar uma linha com três marcas iguais. Se o tempo permitir, jogue novamente com números diferentes.

Corrija a tarefa de casa antes de passar para as próximas atividades da lição.

WATCH!

1. Listen, read, and circle the correct word.

Peça aos alunos que abram o *Student's Book* na página 16. Mostre a eles os sinais matemáticos e ensine-os a dizê-los. Aponte para os números, um de cada vez, e peça aos alunos que os digam.

Explique aos alunos que eles aprenderão a usar esses sinais em inglês. Reproduza o áudio (Faixa 13) e pause após cada cálculo. Peça aos alunos que circulem a palavra correta de acordo com o sinal matemático. Desenhe os sinais no quadro e escreva as palavras correspondentes ao lado deles para servir de referência aos alunos. Peça a eles que circulem a palavra correta em seus livros.

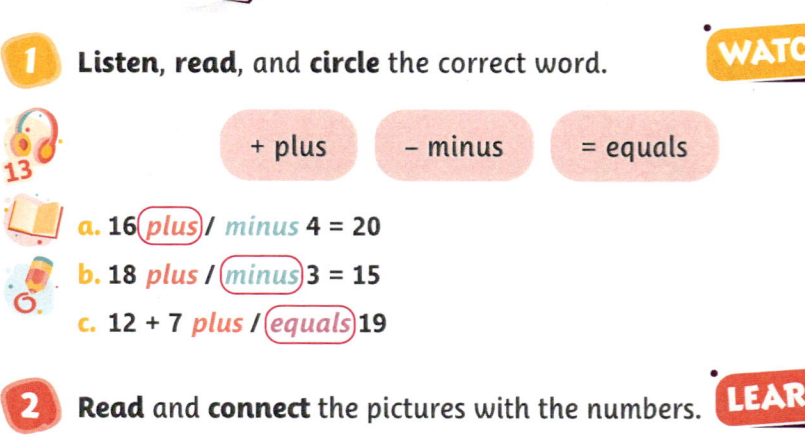

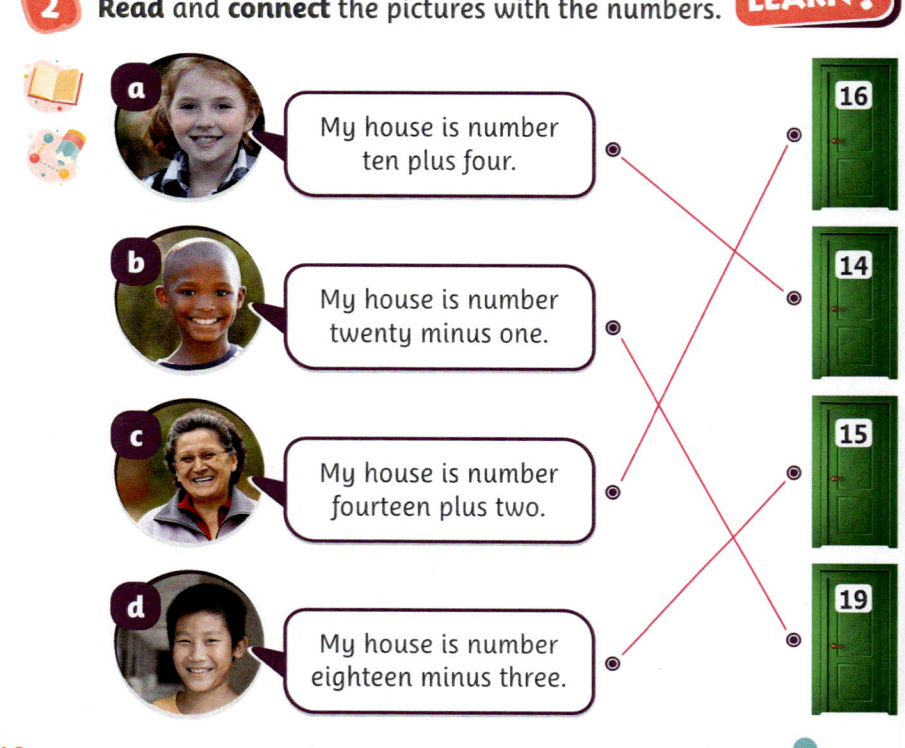

16 SIXTEEN

Audio script (Faixa 13)

1. Listen, read, and circle the correct word.
   a. Sixteen plus four equals twenty.
   b. Eighteen minus three equals fifteen.
   c. Twelve plus seven equals nineteen.

LEARN!

2. Read and connect the pictures with the numbers.

Chame a atenção dos alunos para as portas da ilustração e estimule os alunos a dizer os números de cada uma. Em seguida, explique aos alunos que eles devem descobrir, lendo as dicas, onde cada pessoa mora.

Faça a letra *A* com a turma. Em seguida, dê aos alunos um tempo para que trabalhem com os outros cálculos. Caminhe pela sala de aula para monitorar o trabalho dos alunos e oferecer ajuda se necessário. Corrija a atividade no quadro, incentivando-os a te ajudar. Finalmente, peça a eles que digam os cálculos em voz alta para praticar a pronúncia.

3 **Listen** and **stick**.

a. .... eleven
b. .... seventeen
c. .... twelve
d. .... sixteen

Audio script (Faixa 14)
3. Listen and stick.
  a. One plus ten equals ...
  b. Eighteen minus one equals ...
  c. Ten plus two equals ...
  d. Fifteen plus one equals ...

DO!

4. Play *Bingo* **using numbers 1-20.**
Peça aos alunos que completem a tabela do *Bingo* com números de 1 a 20. Incentive-os a escrever os números por extenso. Enquanto isso, dobre as tiras de papel e coloque-as na sacola. Quando os alunos terminarem, chame diferentes alunos para tirar um pedaço de papel da sacola e dizer o número escrito nele. Os alunos que tiverem escrito esse número em suas tabelas devem riscá-lo, inclusive o aluno que sorteou o número. O vencedor é o aluno que riscar primeiro todos os números.

4 **Play** *Bingo* using numbers 1–20. Answers will vary.

SEVENTEEN **17**

CLOSING

Termine cantando novamente a canção que os alunos aprenderam na Lição 1. Permita que eles fiquem de pé e façam os movimentos.

Workbook: A tarefa de casa sugerida para esta lição são as Atividades 3 e 4 na página 101. Lembre-se de demonstrar as atividades em sala de aula antes de passá-las para casa.

Conexão CLIL: Você pode aproveitar esta oportunidade e explorar matemática com uma atividade sobre cálculos de adição e subtração disponível no Portal.

3. Listen and stick.
Chame a atenção dos alunos para os ícones da atividade e peça que digam o que acham que devem fazer. Mostre aos alunos os adesivos na página 151. Peça que descolem os adesivos desta atividade com cuidado, e colem as pontas deles na borda de suas carteiras. Faça a atividade com a turma. Reproduza o áudio (Faixa 14) e escreva o cálculo no quadro conforme os alunos o dizem. Peça a eles que te ajudem a calcular o resultado e escreva o número por extenso, completando o cálculo. Dê aos alunos um tempo para trabalhar individualmente e colar o adesivo com o número em seus livros. Siga as mesmas etapas para os próximos cálculos. Verifique se os alunos têm alguma dúvida.

Unit 2 **17**

LESSON 3

OBJETIVOS
- Identificar números ímpares e pares
- Fazer cálculos matemáticos simples

MATERIAIS

Cartões com os números de 11 a 20, dois cartões (um com a palavra *even* e outro com a palavra *odd*), fita adesiva, lápis de cor

OPENING

Jogue *What's missing?* com a turma. Disponha no quadro cinco cartões com os números e dê um tempo para os alunos memorizá-los. Peça a eles que fechem os olhos e remova um dos números do quadro. Peça aos alunos que olhem para os números e pergunte: *What's missing?* Depois de eles responderem, mostre o cartão que foi removido para que possam conferir seus palpites.

Para tornar a atividade mais desafiadora, use mais de cinco cartões e remova mais de um cartão do conjunto.

Corrija a tarefa de casa dos alunos antes de passar para as próximas atividades da lição.

WATCH!

1. Look and complete with *odd* and *even*. Then say the odd and even numbers.

Peça aos alunos que abram o *Student's Book* na página 18. Aponte para os números de 1 a 10 e peça a eles que falem os números. Pergunte aos alunos por que eles acham que os números têm cores diferentes. Escreva as palavras *odd* e *even* no quadro. Examine os números de 1 a 10 e pergunte aos alunos quais deles são amarelos. Em seguida, diga: *The numbers in yellow are odd numbers*. Repita o procedimento com os números em rosa. Pergunte aos alunos se eles conseguem entender a diferença. Ajude-os a entender que todos os números são *odd* ou *even*. Em seguida, passe os números de 11 a 20 e peça aos alunos que digam os números. Explique que agora eles identificarão os números ímpares e

1 **Look** and **complete** with *odd* and *even*. Then **say** the odd and the even numbers.

a) 1 – 2 – 3 – 4 – 5 – 6 – 7 – 8 – 9 – 10

yellow = __odd__   pink = __even__

b) 11 – 12 – 13 – 14 – 15 – 16 – 17 – 18 – 19 – 20

red = __even__   green = __odd__

2 **Read** and **complete** the chart.

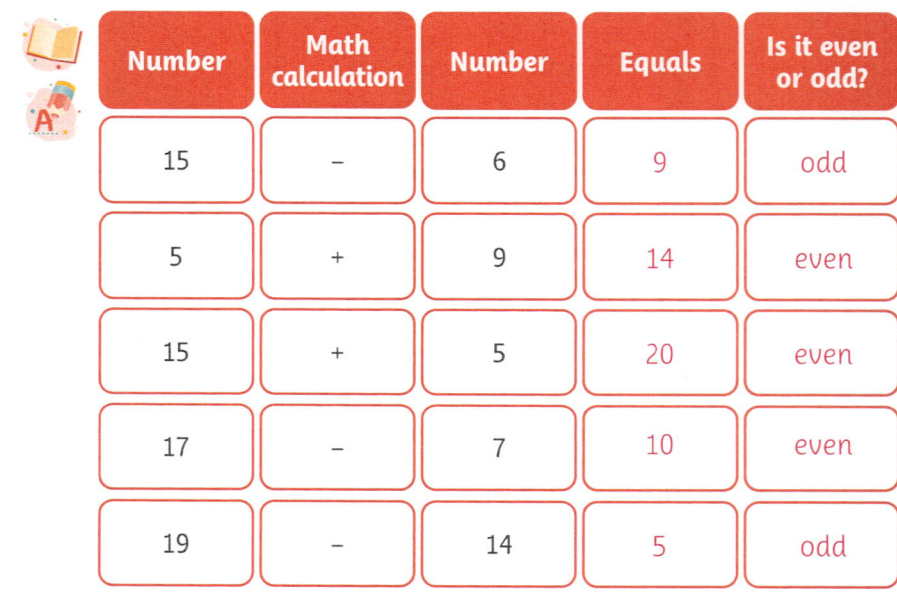

Number	Math calculation	Number	Equals	Is it even or odd?
15	–	6	9	odd
5	+	9	14	even
15	+	5	20	even
17	–	7	10	even
19	–	14	5	odd

18 EIGHTEEN

pares e, em seguida, escreverão as palavras no lugar correto. Ao corrigir a atividade, pergunte: *What are the (red) numbers, odd or even?*

Dica: Contar nos dedos é uma boa estratégia para ensinar a diferença entre números pares e ímpares. Os alunos acham fácil associar números pares a duplas ao usar os dedos.

LEARN!

2. Read and complete the chart.

Explique a atividade. Os alunos devem olhar para o número na primeira coluna, para o sinal matemático na segunda coluna e para o número na terceira coluna. Então eles calculam o resultado, escrevem esse resultado na quarta coluna e dizem se ele é *even* ou *odd*, escrevendo na última coluna à direita.

Faça o primeiro exercício com a turma para exemplificar a atividade. Em seguida, peça aos alunos que trabalhem individualmente. Monitore a atividade e ajude-os se necessário. Escreva os cálculos no quadro e, depois, peça a diferentes alunos que escrevam os resultados no quadro e as palavras *even* ou *odd* ao lado deles.

3. **Read** the code and **color** the numbers.

odd = purple   even = brown

18 12 9 17
20 7 14 15 13
2 6 3 16

DO!

4. **All about you! Answer** the questions. Then **talk** to a classmate. Answers will vary.

a. What's your favorite number from 11 to 20?

_____

b. Is it an even or odd number?

_____

c. Can you write a math calculation that equals your favorite number?

_____

NINETEEN 19

---

3. **Read the code and color the numbers.**
   Peça aos alunos que olhem os códigos. Pergunte a eles de quais cores eles vão precisar (roxo e marrom) e o que cada cor representa. Em seguida, peça para os alunos colorirem os números ímpares de roxo e os pares de marrom. Monitore o trabalho da turma. Peça que troquem de livros entre si para conferir o trabalho de seus colegas. Em seguida, confira as respostas com toda a turma, perguntando: *What numbers are (purple)?* Escreva o código no quadro para referência dos alunos. Os alunos devem colorir de roxo os números 3, 7, 9, 13, 15 e 17 e de marrom os números 2, 6, 12, 14, 16, 18 e 20.

4. **All about you! Answer the questions. Then talk to a classmate.**
   Leia as perguntas, uma de cada vez, e certifique-se de que os alunos as entendam. Em seguida, peça a eles que trabalhem individualmente para responder às perguntas. Monitore o trabalho da turma. Quando terminarem essa parte, peça a eles que trabalhem em duplas e revezem-se, fazendo perguntas uns aos outros.

Exemplifique a atividade com um aluno. Em seguida, monitore o trabalho da turma. Convide dois ou três alunos para compartilhar as respostas de seus colegas com todos.

CLOSING

Coloque o cartão *even* em um lado da sala de aula e o cartão *odd* no outro. Diga os números aleatoriamente e peça aos alunos que se movam para um lado e para o outro, de acordo com o número, se *even*, ou *odd*. Em seguida, peça a diferentes alunos que assumam sua função e digam os números. Os colegas devem ir para o lado correto da sala. Se possível, realize esta atividade ao ar livre.

Workbook: A tarefa de casa sugerida para esta lição é a Atividade 5 na página 102. Lembre-se de demonstrar a atividade em sala antes de passá-la para casa.

Unit 2   19

VALUES AND PROJECT

OBJETIVOS
- Explorar o uso de números em nossas vidas
- Revisar cores, números e cálculos

MATERIAIS
Cartões com os números de 11 a 20 escritos por extenso, palitos de churrasco de madeira com as pontas afiadas cortadas (um por aluno), clipes de papel (um por aluno), lápis de cor, tesouras, metades de cartolinas cortadas em forma redonda, com um furo no centro, e divididas em dez espaços (uma por aluno), folhas de papel pautado (uma por aluno)

VALORES E HABILIDADES
Igualdade, humildade, organização

OPENING

Jogue *Flash dictation* com a turma. Entregue a cada aluno uma folha de papel pautado e peça que escrevam um número nela. Por alguns segundos, mostre um cartão com um número escrito por extenso. Com os braços cruzados, peça aos alunos que memorizem o número escrito no cartão para que possam anotá-lo quando você disser *Go!* Mencione que eles só podem descruzar os braços e escrever o número quando você disser *Go!* Esconda o cartão. Repita o procedimento com cinco ou seis números. Ao final, recolha as folhas para correção posterior.

Corrija a tarefa de casa dos alunos antes de passar para as próximas atividades da lição.

VALUES

THERE ARE NUMBERS EVERYWHERE!

Peça aos alunos que abram o *Student's Book* na página 20. Explore as imagens com a turma, incentivando os alunos a nomear o que veem. Em seguida, peça a eles que observem as diferentes maneiras que os números estão presentes em

VALUES

There are numbers everywhere!

 **Draw** and **color**.

20 TWENTY

nossa vida e como eles são usados para organizar nossa rotina. Incentive-os a falar sobre onde mais eles podem ver os números, incluindo a sala de aula. Pergunte: *Does everyone have the same (number of books, number of toys, amount of money, amount of food, number of brothers or sisters)?* Além disso, pergunte: *Is it possible to live in a world where everyone has the same amount of things? And when I have two pencils and my classmate doesn't have any pencils, can I lend him/her one?*

Draw and color.

Pergunte aos alunos: *Where else can we find numbers?* Ouça as ideias deles. Em seguida, peça aos alunos que pensem em lugares onde possam encontrar números e desenhem na moldura esses lugares com um número de exemplo. Eles podem desenhar mais de um lugar. Alguns lugares que eles podem desenhar são: a própria casa ou apartamento, um telefone, o painel de um elevador etc.

Quando os alunos terminarem, organize-os em pequenos grupos. Peça a eles que mostrem uns aos outros o que desenharam, mas eles precisam se revezar ao falar. Aproveite essa oportunidade para lembrá-los de como é importante ter disciplina, especialmente ao trabalhar com outras pessoas.

PROJECT

A spinner

1. How many parts are there in the picture below? __10__

2. Read the instructions to make a spinner. Then play.
   a. Write numbers from 11 to 20.
   b. Color the parts in different colors.
   c. Stick a barbecue stick in the center and place the paper clip.
   d. Spin it!

UNIT 3

DO YOU LIKE BANANAS?

UNIT OPENER

OBJETIVOS
- Identificar e nomear frutas

MATERIAIS
Folhas de papel cortadas ao meio com números de 11 a 20 escritos nelas (um número por metade), um cesto de lixo, duas bolas de papel, *audio pack*, bolas macias (uma a cada cinco ou seis alunos), canções animadas em inglês

OPENING

Jogue *Vocabulary basketball* com a turma usando os números de 11 a 20. Organize os alunos em dois grupos – Grupo A e Grupo B – e posicione um cesto de lixo na frente do quadro. Mostre a folha de papel com um número a um aluno do Grupo A. Se o aluno disser a palavra correta correspondente ao número, seu grupo marca um ponto, o aluno vai para a frente da sala de aula e, então, arremessa uma bola de papel em direção ao cesto de lixo de uma determinada distância. Se a bola entrar no cesto, o grupo ganha um ponto extra. Depois, é a vez do Grupo B. Continue jogando até que todos os números tenham sido usados. O grupo com maior pontuação é o vencedor.

Corrija a tarefa de casa dos alunos antes de passar para as próximas atividades da lição.

Family Guide: Converse com os alunos sobre a atividade do *Family Guide*. Pergunte se eles a acharam fácil ou difícil e se gostaram de fazê-la com um membro da família. Em seguida, confira as respostas. Incentive-os a dizer algumas palavras ou expressões que usaram.

1. Listen and repeat.

Peça aos alunos que abram o *Student's Book* nas páginas 22 e 23. Chame a atenção deles para a cena da feira. Explore a ilustração com a turma, perguntando aos alunos: *Where are the children? What are they doing? What are they saying?* Explique que estes são George, seus amigos Ella e Joe, sua irmã mais velha Mary e a professora deles. Eles estão em um passeio com a escola, visitando uma feira. Discuta com os alunos com que frequência eles vão a feiras, se conhecem as diferentes frutas em exposição e com que frequência as comem. Se os alunos disserem os nomes das frutas em L1, repita-os em inglês depois deles.

Após ouvir as ideias dos alunos, diga: *Let's listen to the children!* Reproduza o áudio (Faixa 15) enquanto aponta para os balões de fala em seu livro. Em seguida, reproduza o áudio novamente para que os alunos ouçam e repitam as falas. Use gestos e linguagem corporal para ajudá-los com o significado de *Yes, I do* e *No, I don't*.

CLOSING

Organize os alunos em grupos de cinco ou seis integrantes e peça a eles que se sentem em círculos. Convide os grupos a jogar *Hot potato*. Peça a eles que passem a bola enquanto você toca a canção. Quando você pausar a canção, o aluno segurando a bola deve falar o nome de uma fruta.

Audio script (Faixa 15)

1. Listen and repeat.
 George: Do you like grapes?
 Ella: Yes, I do.
 Mary: No, I don't.

2. Listen and find. Then repeat.
 Chame a atenção dos alunos para as ilustrações das frutas. Reproduza o áudio (Faixa 16) e pause após cada fruta para aos alunos terem tempo de encontrar a fruta na ilustração da feira. Em seguida, reproduza o áudio novamente para que eles possam ouvir e repetir as palavras.

Audio script (Faixa 16)

2. Listen and find. Then repeat.
 Apple – banana – grapes – orange – papaya – pineapple – strawberry – watermelon

LESSON 1

OBJETIVOS

- Identificar diferentes frutas e a grafia correta delas
- Perguntar e responder sobre sua fruta favorita
- Expressar quantidade com *a* e *an*

MATERIAIS

Fita adesiva, tiras de papel com o nome de uma fruta escrito em cada uma delas (oito no total), lápis de cor, *flashcards*: *apple, banana, grapes, orange, papaya, pineapple, strawberry, watermelon*

OPENING

Organize a turma em oito grupos. Disponha os *flashcards* no quadro, ao alcance dos alunos, e dê a cada grupo uma tira de papel com o nome de uma fruta. Os alunos discutem onde a palavra deve ser colocada e um aluno do grupo vai até o quadro e cola a tira abaixo do *flashcard* correspondente.

Corrija a tarefa de casa dos alunos antes de passar para as próximas atividades da lição.

WATCH!

1. Listen and point to the correct fruit.

Peça aos alunos que abram o *Student's Book* na página 24. Aponte para as imagens, uma de cada vez, e pergunte: *What fruit is it?* Ajude os alunos com a pronúncia, especialmente de palavras mais longas. Em seguida, diga: *Let's listen and point to the pictures. Pay attention: The pictures are not in the correct order.* Reproduza o áudio (Faixa 17) e pause após cada fruta para que os alunos apontem para ela. Verifique se eles estão apontando para a fruta correta. Em seguida, reproduza o áudio novamente e faça a atividade mais uma vez.

LESSON 1

1 **Listen** and **point** to the correct fruit. WATCH!

17

a

b

c

d

e

f

g

h

2 **Match** the words with the fruit in Activity 1. LEARN!

g	grapes	b	an orange
f	a pineapple	h	a papaya
a	a strawberry	e	a watermelon
c	an apple	d	a banana

Audio script (Faixa 17)

1. Listen and point to the correct fruit.

An apple – a strawberry – a banana – a watermelon – a pineapple – grapes – a papaya – an orange

LEARN!

2. Match the words with the fruit in Activity 1.

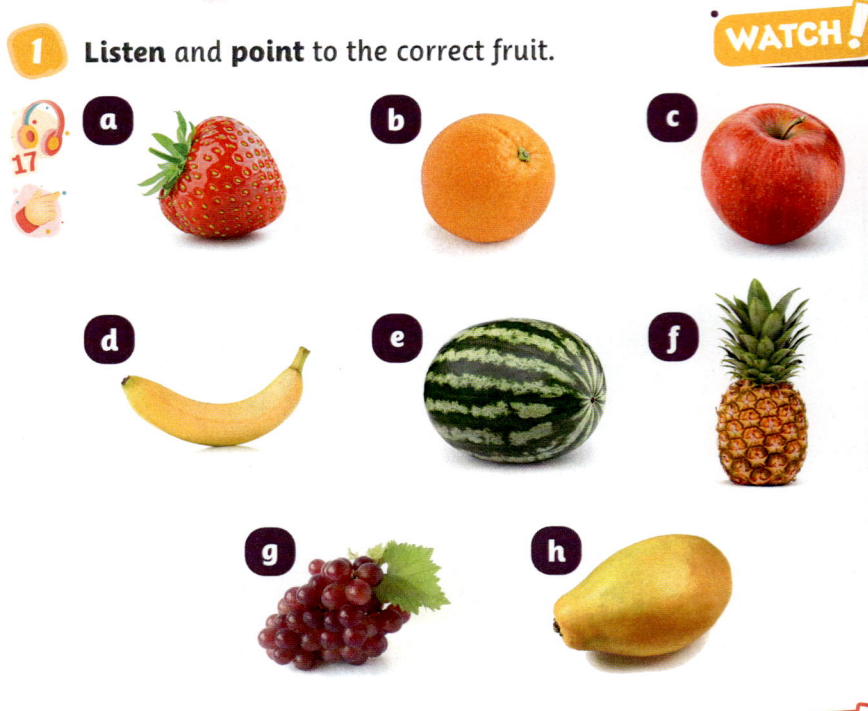

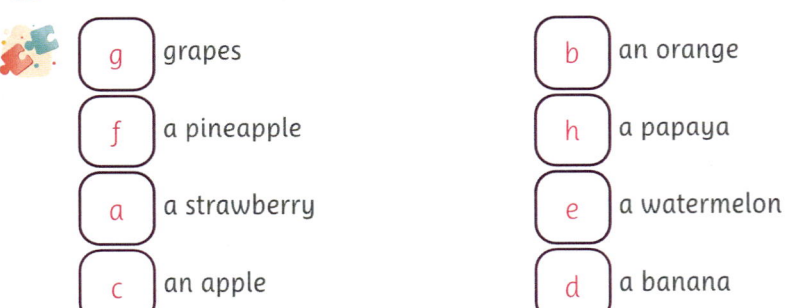

Chame a atenção dos alunos para a lista e ajude-os a ler os nomes das frutas. Em seguida, peça a eles que associem as palavras com as frutas da Atividade 1. Peça aos alunos que escrevam a letra correspondente de cada imagem ao lado do nome da fruta. Corrija a atividade com a turma, perguntando: *What is fruit A?* Repita com todas as frutas.

Dica: Aproveite esta oportunidade para explicar o uso de *a* e *an* para substantivos no singular e a diferença entre eles.

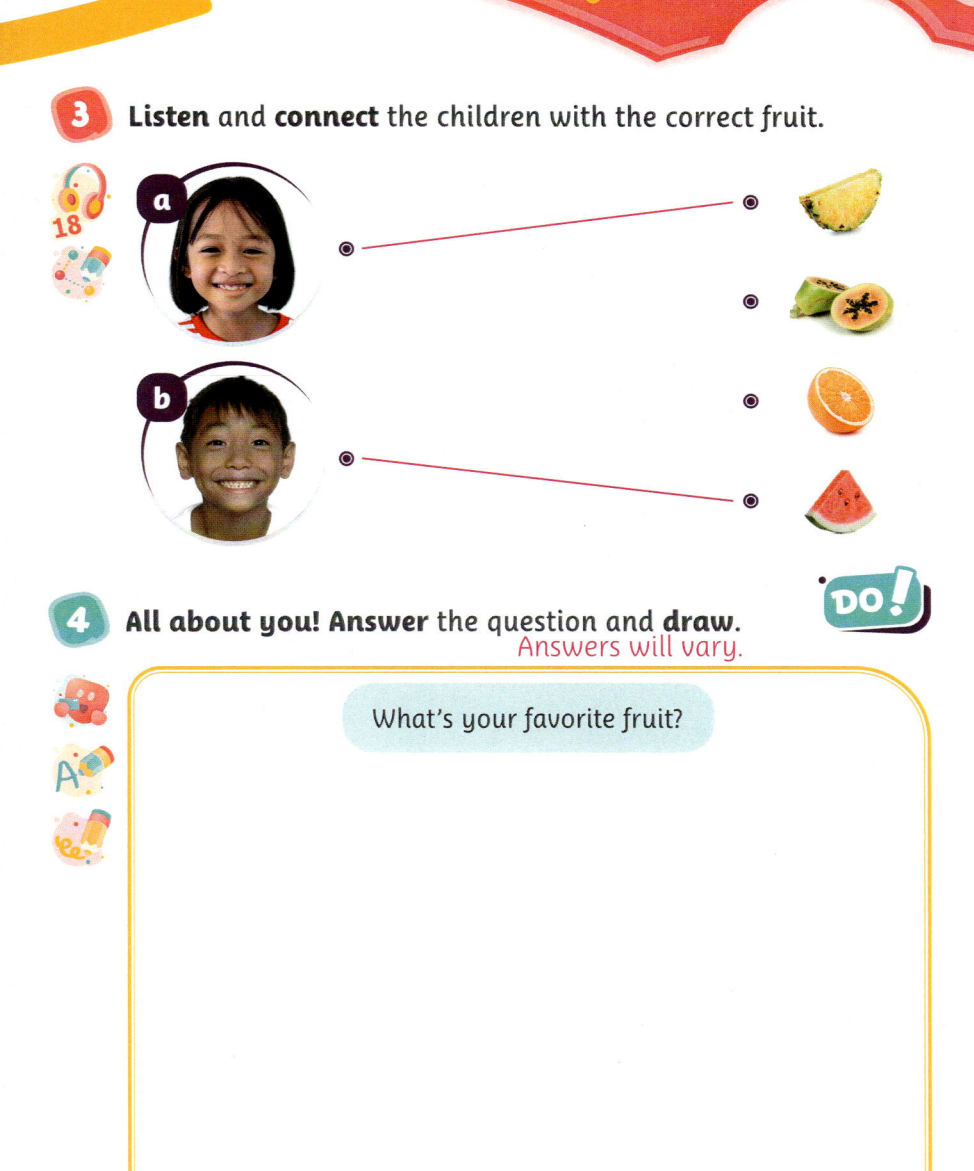

3 Listen and connect the children with the correct fruit.

a
b

4 All about you! Answer the question and draw.

Answers will vary.

What's your favorite fruit?

My favorite fruit is _____.

TWENTY-FIVE **25**

DO!

4. All about you! Answer the question and draw.

Leia a pergunta em voz alta, usando o dedo indicador para acompanhar as palavras enquanto fala. Explique aos alunos que agora eles devem desenhar e colorir suas frutas favoritas. Mostre a eles o espaço para o desenho. Aponte também para a frase na parte inferior da moldura e diga: *Complete the sentence with your favorite fruit!*

Caminhe pela sala de aula para monitorar o trabalho da turma. Ressalte que eles podem consultar as páginas 22 e 23 para copiar o nome de sua fruta favorita.

CLOSING

Peça aos alunos que compartilhem seus desenhos em duplas ou pequenos grupos. Incentive-os a se revezarem para perguntar: *What's your favorite fruit?* e responder: *My favorite fruit is (strawberry).*

> **Workbook:** A tarefa de casa sugerida para esta lição é a Atividade 1 na página 104. Lembre-se de demonstrar a atividade em sala antes de passá-la para casa.

---

3. Listen and connect the children with the correct fruit.

Desenhe uma das frutas desta unidade no quadro, aponte para ela e diga: *My favorite fruit is (apple)*. Em seguida, pergunte a alguns alunos: *What's your favorite fruit?* e incentive-os a responder usando a seguinte frase: *My favorite fruit is (...).*

Em seguida, foque nas imagens da Atividade 3, pedindo aos alunos que digam os nomes das frutas. Explique a tarefa. Em seguida, reproduza o áudio (Faixa 18). Antes de tocar o áudio novamente, peça aos alunos que comparem suas respostas com as de um colega. Depois, reproduza o áudio novamente para conferir as respostas.

> **Audio script** (Faixa 18)
> **3. Listen and connect the children with the correct fruit.**
> **a.** My favorite fruit is pineapple.
> **b.** My favorite fruit is watermelon.

Unit 3 **25**

LESSON 2

OBJETIVOS
- Perguntar e responder sobre sua fruta favorita
- Revisar os números de 1 a 20

MATERIAIS
Audio pack, tiras de papel (uma para cada cinco ou seis alunos), *flashcards*: *apple, banana, grapes, orange, papaya, pineapple, strawberry, watermelon*

OPENING

Jogue *Flash that card* com a turma. Fique na frente da sala de aula para que todos os alunos possam vê-lo. Coloque secretamente um dos *flashcards* dentro do seu livro. Em seguida, abra e feche o livro na página onde está o *flashcard* para que os alunos possam vê-lo rapidamente. Incentive-os a adivinhar a imagem. Se achar difícil usar o *flashcard* e o livro, você pode usar uma folha de papel escura para cobrir o *flashcard*.

Corrija a tarefa de casa dos alunos antes de passar para as próximas atividades da lição.

WATCH!

1. Listen and circle your favorite fruit. Then sing.

Peça aos alunos que abram o *Student's Book* na página 26. Explore a ilustração com a turma, pedindo aos alunos que digam os nomes das frutas. Diga: *Let's listen to the song.* Toque a canção (Faixa 19). Em seguida, pergunte: *What's this song about?* Espere a resposta: *It's about (favorite) fruit.* Em seguida, acrescente: *What about you? What's your favorite fruit? Circle it in the fruit bowl.* Determine um tempo para a atividade. Em seguida, mostre um *flashcard* de cada vez e faça com que todos que escolheram aquela fruta como sua favorita digam: *My favorite fruit is (apple).* Repita com todos os *flashcards*.

Leia a letra da canção em voz alta, pedindo aos alunos que repitam cada verso. Toque a canção novamente e incentive-os a cantar junto.

LESSON 2

1 Listen and circle your favorite fruit. Then sing. Answers will vary.

WATCH!

🎵 19

Favorite, favorite, what's your favorite fruit?
Favorite, favorite, what's your favorite fruit?
Apple, banana, or pineapple?
Papaya, grapes, or watermelon?

2 Read and draw the correct amount of fruit.

LEARN!

a. Three oranges
b. Eleven bananas
c. Twelve strawberries

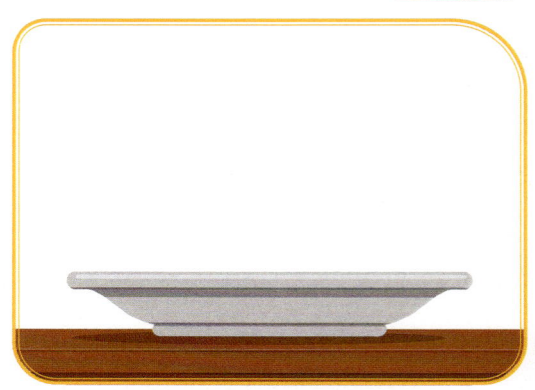

26 TWENTY-SIX

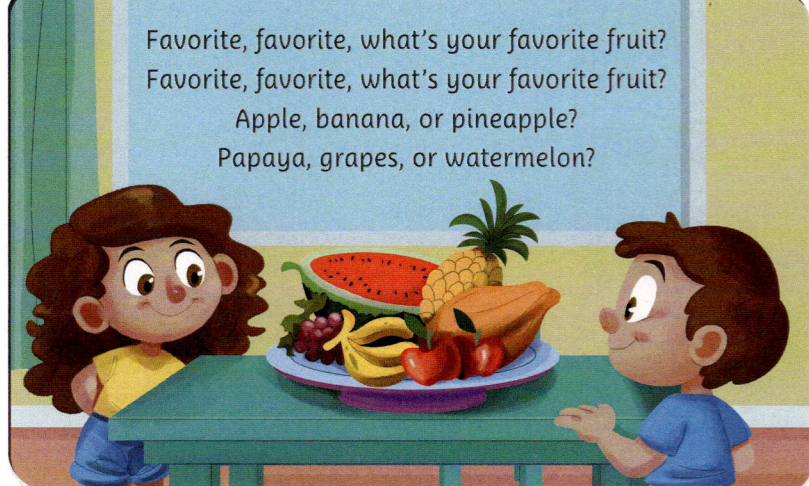

LEARN!

2. Read and draw the correct amount of fruit.

Antes de começar, conte até 20 com os alunos. No quadro, escreva números aleatórios de 11 a 20 e peça aos alunos que digam os números escritos. Chame a atenção deles para a tarefa. Aponte para a tigela vazia e diga: *This is a fruit bowl. What is missing?* Explique aos alunos que eles desenharão frutas dentro da tigela. Eles precisam ler e colocar a quantidade correta de cada fruta. Ajude-os se necessário.

Quando os alunos terminarem, peça a eles que troquem de livro com um colega para conferir se o colega colocou a quantidade correta de cada fruta. Em seguida, faça a correção com a turma toda.

3. Find and circle the fruit.

Chame a atenção dos alunos para as silhuetas das frutas. Aponte para uma silhueta de cada vez e pergunte: *What fruit is this?* Incentive-os a responder: *It's (a/an) ...* Explique a tarefa e dê aos alunos um tempo para que, individualmente, encontrem e circulem as palavras. Caminhe pela sala de aula para verificar o traba-

3 Find and circle the fruit.

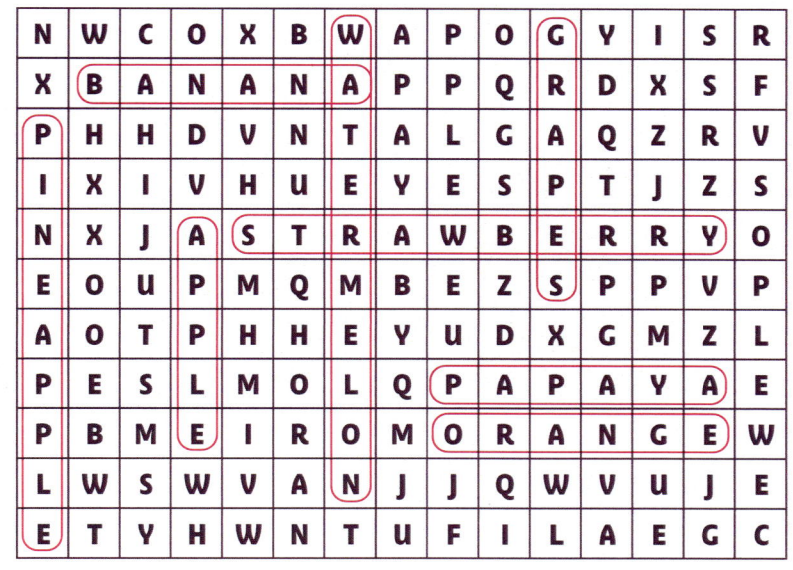

N	W	C	O	X	B	W	A	P	O	G	Y	I	S	R
X	B	A	N	A	N	A	P	P	Q	R	D	X	S	F
P	H	H	D	V	N	T	A	L	G	A	Q	Z	R	V
I	X	I	V	H	U	E	Y	E	S	P	T	J	Z	S
N	X	J	A	S	T	R	A	W	B	E	R	R	Y	O
E	O	U	P	M	Q	M	B	E	Z	S	P	P	V	P
A	O	T	P	H	H	E	Y	U	D	X	G	M	Z	L
P	E	S	L	M	O	L	Q	P	A	P	A	Y	A	E
P	B	M	E	I	R	O	M	O	R	A	N	G	E	W
L	W	S	W	V	A	N	J	J	Q	W	V	U	J	E
E	T	Y	H	W	N	T	U	F	I	L	A	E	G	C

4 Play *Guess the fruit*. Look and say.

It's yellow!

It's a banana!

DO!

TWENTY-SEVEN **27**

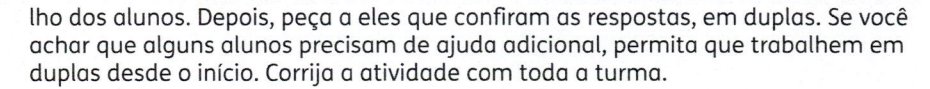

LESSON 3

OBJETIVOS
- Perguntar e responder sobre frutas de que gostam
- Falar sobre frutas de que não gostam, gostam e que amam

MATERIAIS
Audio pack, uma imagem de uma salada de frutas em uma tigela, lápis de cor

OPENING

Organize a turma em seis grupos e atribua uma fruta da canção da Lição 2 a cada aluno. Toque a canção da Lição 2 novamente (Faixa 19). Peça aos alunos que cantem a canção e se levantam quando as frutas atribuídas a eles forem mencionadas.

Corrija a tarefa de casa dos alunos antes de passar para as próximas atividades da lição.

WATCH!

1. Look, listen, and repeat the conversation.

Peça aos alunos que abram o *Student's Book* na página 28. Chame a atenção deles para a imagem e pergunte: *What are they talking about? Let's listen!*

Reproduza o áudio (Faixa 20) para que os alunos ouçam e repitam as falas. Use gestos para ajudar os alunos a compreender o significado de *like*, e *Yes, I do* ou *No, I don't*.

Audio script (Faixa 20)

1. Look, listen, and repeat the conversation.
   Boy: Do you like oranges?
   Girl: Yes, I do.
   Woman: No, I don't.

LEARN!

2. Listen to the conversation and circle the correct options.

Chame a atenção dos alunos para as frutas e incentive-os a nomeá-las. Em seguida, mostre os ícones de *I like* e *I don't like*. Dê a eles mais exemplos, apontando o polegar para cima ou para baixo para transmitir o significado.

LESSON 3

1 Look, listen, and repeat the conversation. WATCH!

Do you like oranges?
Yes, I do.
No, I don't.

2 Listen to the conversation and circle the correct options. LEARN!

a. I like …

b. I don't like …

28 TWENTY-EIGHT

Em seguida, explique a tarefa. Peça aos alunos que prestem atenção na fruta de que a menina gosta, no item A, e depois na fruta de que o menino não gosta, no item B.

Toque o áudio (Faixa 21) e pause após a resposta de cada criança para permitir que os alunos circulem a fruta. Depois, reproduza o áudio novamente para conferir as respostas.

Audio script (Faixa 21)

2. Listen to the conversation and circle the correct options.
   a. **Woman:** Do you like papayas?
      Girl: Yes, I do.
      Woman: Nice! Do you like strawberries?
      Girl: Yes, I do. I love strawberries.
      Woman: And bananas? Do you like bananas?
      Girl: No, I don't.
   b. **Woman:** Do you like watermelons?
      Boy: Yes, I do.

28 Teacher's Guide

3. All about you! Read and complete. Then say.

Answers will vary.

| I **don't like** apples. 😕 | I **like** apples. 😊 | I **love** apples! 😍 |

a. I don't like _____.

b. I like _____.

c. I love _____.

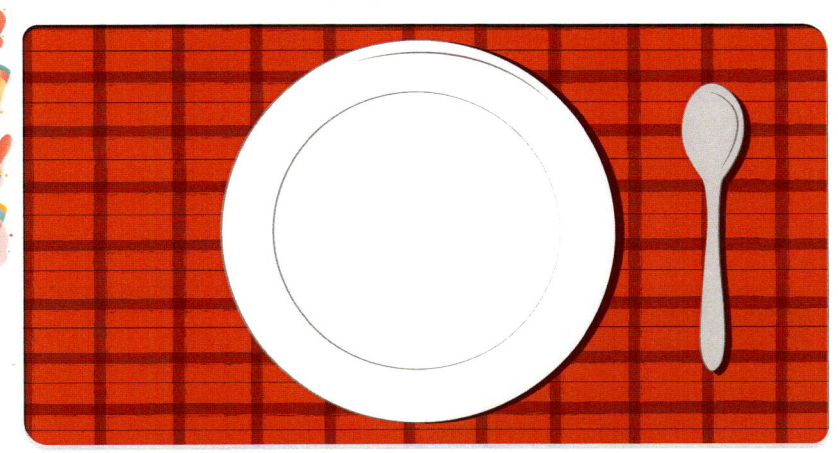

4. All about you! Draw a fruit salad and color it. Then complete the sentence. Answers will vary.

This is my fruit salad!

I like _____.

TWENTY-NINE **29**

Woman: Really? Do you like pineapples?
Boy: No, I don't.
Woman: And oranges? Do you like oranges?
Boy: No, I don't

3. All about you! Read and complete. Then say.

Chame a atenção dos alunos para a atividade. Leia as frases de exemplo com a entonação correta para ajudá-los a entender a diferença entre *don't like*, *like* e *love*. Dê a eles mais exemplos, se necessário, usando outros itens lexicais que eles estejam familiarizados (por exemplo: *I don't like red. I like yellow. I love brown!*).

Peça aos alunos que escrevam os nomes das frutas de que eles não gostam, gostam e amam. Caminhe pela sala de aula para monitorar o trabalho dos alunos. Organize-os em duplas para dizerem um ao outro o que escreveram. Incentive alguns alunos a compartilhar suas ideias com a turma toda.

4. All about you! Draw a fruit salad and color it. Then complete the sentence.

Mostre a imagem da salada de frutas à turma. Ao mostrá-la, diga: *This is a fruit salad. Look, there are different pieces of fruit. I love fruit salad!*

Explique aos alunos que eles devem desenhar e colorir suas saladas de frutas usando frutas diferentes que eles gostam e amam. Mostre a eles o espaço para o desenho. Além disso, aponte para a frase abaixo da moldura e diga: *Complete the sentence with the fruit in your fruit salad!*

Caminhe pela sala de aula para monitorar o trabalho dos alunos.

CLOSING

Peça aos alunos que trabalhem em pequenos grupos para compartilhar seus desenhos da Atividade 4. Peça que leiam suas frases para os colegas.

Workbook: A tarefa de casa sugerida para esta lição são as Atividades 4, 5 e 6 nas páginas 105 e 106. Lembre-se de demonstrar as atividades em aula antes de passá-las para casa.

Lembrete: Envie um bilhete para as famílias dos alunos pedindo que eles tragam frutas para a próxima aula. Verifique também se algum deles tem alergias alimentares.

Unit 3 **29**

VALUES AND PROJECT

OBJETIVOS
- Discutir a importância de comer frutas para uma dieta saudável

MATERIAIS
Pedaços de maçã, banana, laranja, mamão, abacaxi, melancia, uvas e morangos, tigelas de plástico (uma para cada dois ou três alunos), uma faca, palitos de madeira com as pontas cortadas (um por aluno), lápis de cor

VALORES E HABILIDADES
Responsabilidade, autocontrole, trabalho em equipe

OPENING

Organize os alunos em duplas. Peça a eles que joguem *Draw in the air* usando o vocabulário de frutas. Os alunos se revezam desenhando uma fruta no ar para o colega adivinhar.

Corrija a tarefa de casa dos alunos antes de passar para as próximas atividades da lição.

Lembrete: Verifique se os alunos têm alergias antes desta aula. Se algum aluno for alérgico a alguma fruta, evite usar essa fruta nos palitos.

VALUES

FRUIT IS HEALTHY AND DELICIOUS!

Peça aos alunos que abram o *Student's Book* na página 30. Explore a imagem com a turma e revise ou ensine o significado da palavra *rainbow*. Você pode dizer: *This is a fruit rainbow! What fruit can you see?* Incentive-os a nomear as diferentes frutas.

Diga aos alunos que comer frutas todos os dias é essencial para ter uma boa saúde. Reforce que as frutas são ricas em nutrientes e vitaminas e ajudam nosso corpo a funcionar melhor. Aproveite a oportunidade para discutir com a turma a quantidade de frutas que os alunos comem e como eles as comem. Use L1 se necessário.

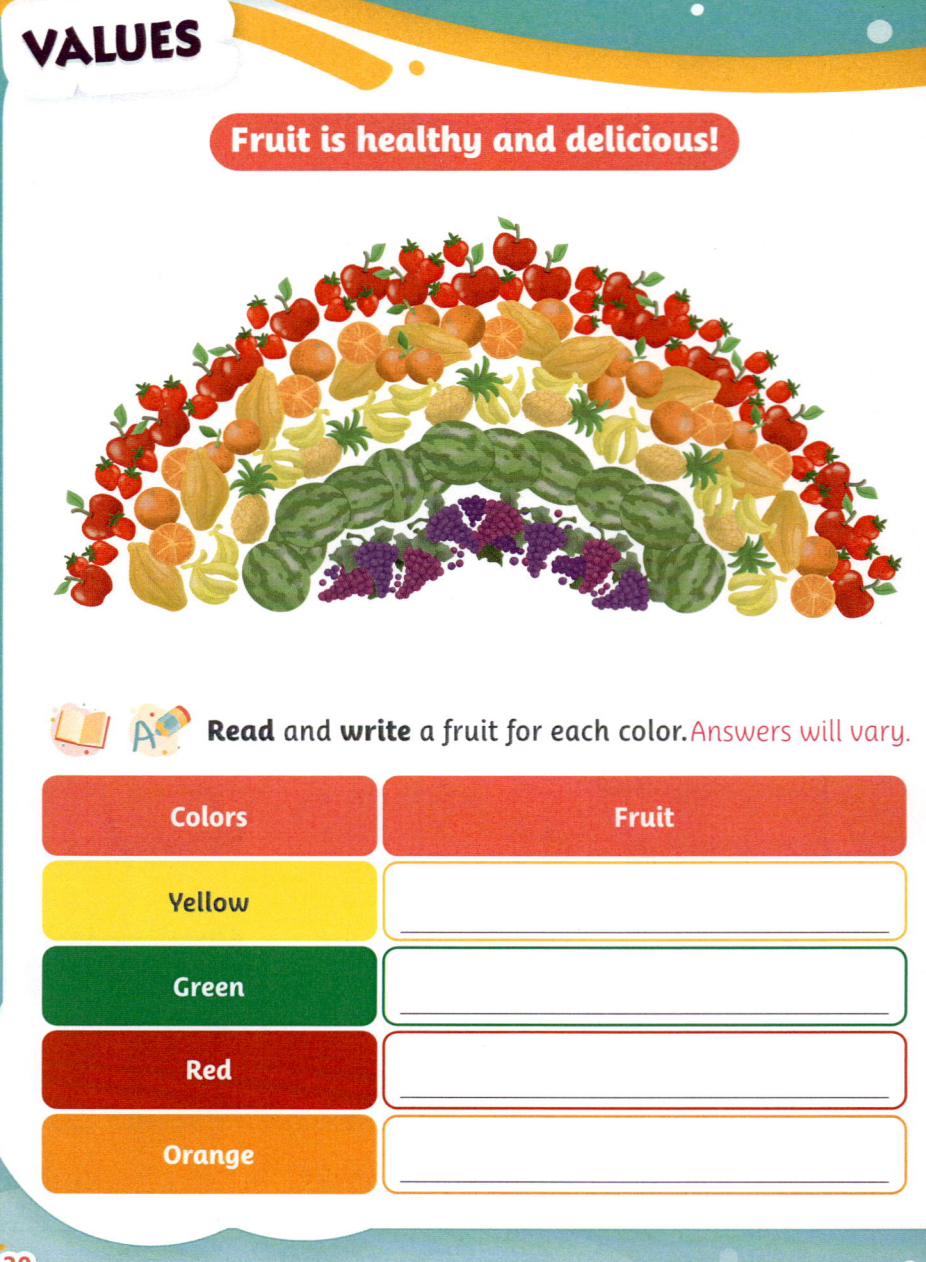

Após essa discussão inicial, mencione que, além de comer frutas todos os dias, também é muito importante comer uma variedade de frutas diferentes (não apenas suas frutas favoritas). Em seguida, pergunte: *Who is responsible for keeping your body healthy? Is it important to choose your food well?*

Read and write a fruit for each color.

Chame a atenção dos alunos para as cores no gráfico, pedindo que leiam as palavras em voz alta. Explique que eles devem completar a tabela com uma fruta que conheçam de cada cor. Eles precisam escrever o nome de pelo menos uma fruta por cor, mas você pode incentivá-los a escrever mais de um.

Determine um tempo para que façam a atividade. Caminhe pela sala de aula para monitorar o trabalho da turma e oferecer ajuda se necessário. Alguns exemplos de frutas que os alunos podem mencionar são:

Yellow – pear, banana, star fruit, passion fruit
Green – avocado, green apple, kiwifruit, lime, green grapes

PROJECT

Fruit skewers

THIRTY-ONE 31

Red – strawberry, cherry, raspberry, red apple
Orange – tangerine, peach

Faça a correção das respostas no quadro, pedindo aos alunos que compartilhem seus trabalhos.

PROJECT

FRUIT SKEWERS

Neste projeto, os alunos farão espetinhos de frutas para um lanche saudável e divertido. Leve-os para a cozinha da escola, o refeitório ou qualquer outro espaço apropriado. Lembre-os de lavar as mãos antes de começar. Organize-os em duplas ou trios e distribua as tigelas com os pedaços de fruta e os palitos de madeira. Demonstre como fazer os espetinhos, falando sobre as frutas que você está usando e suas cores enquanto você faz. Você pode dizer, *I'll start with a piece of (pineapple). (Pineapples) are (yellow) and delicious! Now I'll put a (strawberry)* …

Enquanto os alunos trabalham, caminhe pela sala de aula para monitorar o trabalho deles, faça perguntas sobre as diferentes frutas e suas cores e ajude-os se necessário. Quando os alunos terminarem, peça a eles que falem sobre as frutas que usaram.

CLOSING

Convide os alunos a comer as frutas em seus espetinhos. Peça a eles que digam qual das frutas de seus espetinhos é a sua favorita.

> **Workbook:** A tarefa de casa sugerida para esta lição é a atividade da seção *Grammar Corner* na página 107. Leia os exemplos com os alunos e demonstre a atividade em sala de aula antes de passá-la para casa.

> **Family Guide:** Lembre os alunos de fazer a atividade do *Family Guide* na página 135 com um membro da família.

Unit 3 31

UNIT 4

MY ABC

UNIT OPENER

OBJETIVOS
- Identificar as letras do alfabeto

MATERIAIS
Audio pack, uma lista com palavras para cada letra do alfabeto, 13 folhas de cartolina cortadas ao meio (para que você tenha 26 pedaços) com uma letra do alfabeto escrita em cada uma delas, um envelope grande, uma folha de papel *Kraft*, canetinhas, fita adesiva

OPENING

Comece a aula fazendo a chamada e pedindo a cada aluno que responda usando uma palavra que aprenderam anteriormente, por exemplo, um animal de estimação, uma fruta, um membro da família, um brinquedo etc. Peça que tentem não repetir as palavras.

Em seguida, pergunte como seus nomes são organizados na lista de chamada. Ouça as ideias dos alunos e explique que usamos a ordem alfabética para organizar os nomes.

Corrija a tarefa de casa dos alunos antes de passar para as próximas atividades da lição.

Family Guide: Converse com os alunos sobre a atividade do *Family Guide*. Pergunte se eles acharam fácil ou difícil e se gostaram de fazê-la com um membro da família. Em seguida, confira as respostas. Incentive-os a dizer algumas palavras ou expressões que usaram.

1. Look and listen.
Peça aos alunos que abram o *Student's Book* nas páginas 32 e 33. Chame a atenção deles para a ilustração. Pergunte a eles onde as pessoas estão e o que elas estão fazendo. Revise as palavras *school* e *classroom* se necessário.

Aponte para a professora e diga: *This is Ms. Andrews. She's the teacher.* Pergunte: *Look, what is Ms. Andrews teaching?* Ouça as ideias dos alunos. Então diga: *Let's listen!*

Reproduza o áudio (Faixa 22) duas vezes enquanto aponta para os balões de fala em seu livro. Depois disso, peça aos alunos que respondam à pergunta sobre o que está sendo ensinado. Ouça os palpites dos alunos e diga: *She's teaching the alphabet.* Peça aos alunos que repitam: *alphabet*.

Audio script (Faixa 22)
1. **Look and listen.**
   Teacher: Let's say words that start with *g*!
   Girl 1: Grapes!
   Girl 2: Green!
   Boy: Goodbye!

2. Listen and repeat. Then find.
Antes desta atividade, prepare uma lista de palavras para cada letra do alfabeto (para sua referência).

CLOSING

Coloque a folha de papel *Kraft* na parede. Escreva o nome/número/ano da turma na parte superior e, em seguida, a letra A. Pergunte: *Is there anyone whose name starts with A?* Use a L1 se necessário. Ouça as respostas dos alunos e escreva o(s) nome(s) ao lado da letra. Siga o mesmo procedimento com todas as letras do alfabeto. Quando não houver nomes para uma letra específica, basta desenhar um travessão ao lado da letra. Ao terminar, peça aos alunos que contem quantos nomes começam com cada uma das letras e quais letras têm mais nomes. Você pode usar esta tabela na parede para revisar o alfabeto com os alunos ao longo desta unidade.

---

2 Listen and repeat. Then find.

A B C D E F G
H I J K L M N
O P Q R S T U
V W X Y Z

Use os cartões com as letras para apresentar o alfabeto aos alunos e peça que eles repitam em voz alta. Para cada letra, pergunte aos alunos se eles sabem alguma palavra em inglês que comece com ela. Se eles não se lembrarem de nenhuma, ajude-os a dizer uma palavra que tenham aprendido anteriormente ou apresente rapidamente uma palavra, por exemplo, *apple, banana, car* etc. Use o mesmo procedimento com todas as letras. Coloque os cartões em um envelope para serem usados posteriormente nesta unidade.

Chame a atenção dos alunos para o alfabeto do livro. Reproduza o áudio (Faixa 23) e peça aos alunos que repitam as letras. Em seguida, os alunos devem encontrar algo na cena que comece com uma letra específica. Por exemplo, diga: G, e os alunos podem apontar para *girl* ou para a cor *green*. Algumas ideias para esta atividade são T (*teacher*), G (*girl*), B (*boy, book*), E (*eraser*).

Audio script (Faixa 23)
2. Listen and repeat. Then find.
A – B – C – D – E – F – G – H – I – J – K – L – M – N – O – P – Q – R – S – T – U – V – W – X – Y – Z

Unit 4 **33**

LESSON 1

OBJETIVOS
- Identificar e nomear as letras do alfabeto
- Revisar o vocabulário relacionado a cores, brinquedos, animais de estimação e frutas

MATERIAIS
Cartões com as letras do alfabeto, pôster da Lição 1, fita adesiva, *audio pack*, lápis de cor

OPENING

Revise o alfabeto. Mostre um cartão e peça aos alunos que nomeiem a letra escrita nele. Disponha alguns cartões no quadro e peça a vários alunos que venham à frente da classe e digam a letra. Eles também podem identificar a letra do pôster que fizeram na lição anterior.

WATCH!

1. Listen and point to the letters.
Peça aos alunos que abram o *Student's Book* na página 34. Explique que eles ouvirão as letras na ordem correta e deverão apontar para elas. Então eles ouvirão o áudio novamente, mas, desta vez, as letras estarão fora de ordem e eles precisam apontar para a letra correta. Reproduza o áudio (Faixa 24) e monitore o trabalho dos alunos.

Audio script (Faixa 24)
1. Listen and point to the letters.
   1. A – B – C – D – E – F – G – H – I – J – K – L – M – N – O – P – Q – R – S – T – U – V – W – X – Y – Z
   2. N – S – Z – A – E – O – I – W – U – Y – X – P – D – Q – L – M – J – K – G – F – T – H – V – B – C – R

LEARN!

2. Complete the sequences. Then listen and say.
Explique aos alunos que as letras são organizadas em sequências lógicas. Faça a letra A com toda a turma e peça aos alunos que trabalhem no restante da atividade individualmente. Em seguida, reproduza o áudio (Faixa 25) para que eles verifiquem suas respostas e as digam em voz alta. Ajude os alunos a entender a lógica por trás das sequências, por exemplo, na letra C, eles dizem uma letra sim e outra não, na letra E, eles dizem as vogais ao contrário.

Audio script (Faixa 25)
2. Complete the sequences. Then listen and say.
   a. A, E, I, O, U
   b. A, B, C, D, E, F
   c. A, C, E, G, I, K
   d. H, I, J, K, L, M, N, O
   e. U, O, I, E, A
   f. P, Q, R, S, T, U

LESSON 1

1 Listen and point to the letters. WATCH!

A B C D E F G H I J K L M
N O P Q R S T U V W X Y Z

2 Complete the sequences. Then listen and say. LEARN!

a. A, _E_, I, O, _U_
b. A, _B_, _C_, D, E, _F_
c. A, _C_, E, G, _I_, K
d. H, I, J, K, L, _M_, _N_, _O_
e. U, O, _I_, _E_, A
f. P, Q, _R_, _S_, T, U

3 Listen, write the letters, and draw.

a. _B_ _I_ _R_ _D_

b. _P_ _A_ _P_ _A_ _Y_ _A_

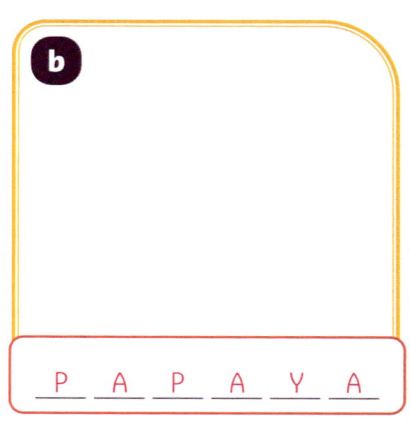

34 THIRTY-FOUR

4. All about you! Complete the sentences. Then talk to a classmate. Answers will vary.

a. My name is _____.

b. My teacher's name is _____.

c. My mom's/dad's name is _____.

d. My best friend's name is _____.

e. My favorite color is _____.

5. Play Tic-tac-toe. Answers will vary.

watermelon	video game	apple
dogs	books	rabbits
jump rope	turtle	bananas

THIRTY-FIVE 35

---

4. All about you! Complete the sentences. Then talk to a classmate.

Complete as frases com suas informações, soletrando as letras de cada palavra e escrevendo-as no quadro. Diga: *Now you do the same. Complete the sentences, please.* Monitore o trabalho dos alunos.

Em seguida, organize os alunos em duplas para ler os nomes/palavras e soletrá-los uns aos outros. Se o tempo permitir, convide alguns alunos para ir à frente da turma e ler as frases para a turma.

5. Play Tic-tac-toe.

Mantenha os alunos trabalhando com o mesmo colega da Atividade 4. Chame a atenção deles para os itens na grade e peça que os nomeiem. Explique que eles devem se revezar para escolher um item e soletrar a palavra correspondente – se estiverem corretos, eles devem marcar o espaço na grade com um O ou um X. O primeiro aluno a formar uma linha com três marcas consecutivas é o vencedor.

CLOSING

Peça aos alunos que permaneçam em duplas. Um aluno de cada dupla fica de costas para o quadro. Escreva uma palavra no quadro para que o aluno que está de frente para ele a soletre para seu colega, que precisa identificá-la e dizer a palavra em voz alta. Repita o procedimento algumas vezes, fazendo com que as duplas troquem de lugar.

Workbook: A tarefa de casa sugerida para esta lição são as Atividades 1 e 2 na página 108. Lembre-se de demonstrar as atividades em aula antes de passá-las para casa.

---

3. Listen, write the letters, and draw.

Explique aos alunos que eles ouvirão algumas letras e deverão escrevê-las nos espaços em branco a fim de formar uma palavra. Eles também farão um desenho para representar a palavra.

Reproduza o áudio (Faixa 26), pausando-o entre as palavras para que os alunos as escrevam. Para fazer a correção, pergunte quais palavras eles completaram e convide dois voluntários para escrevê-las no quadro. Enquanto eles estão desenhando, confira o trabalho dos alunos, fazendo perguntas sobre as cores que eles estão usando. Peça aos alunos que compartilhem seu trabalho em duplas ou pequenos grupos.

Audio script (Faixa 26)

3. Listen, write the letters, and draw.
   a. B – I – R – D
   b. P – A – P – A – Y – A

Conexão CLIL: Você pode aproveitar esta oportunidade e explorar a alfabetização com uma atividade sobre o alfabeto disponível no Portal.

Unit 4 **35**

LESSON 2

OBJETIVOS
- Nomear as letras do alfabeto
- Soletrar palavras conhecidas por eles

MATERIAIS
Cartões com as letras do alfabeto, *audio pack*, lápis de cor

OPENING

Jogue *What's missing?* com a turma. Disponha cinco cartões com letras do alfabeto no quadro e dê um tempo para os alunos memorizá-los. Peça a eles que fechem os olhos e remova um cartão do quadro. Peça aos alunos que olhem para as letras e pergunte: *What's missing?* Depois que os alunos responderem, mostre o cartão que foi removido para que eles possam conferir seus palpites.

Corrija a tarefa de casa dos alunos antes de passar para as próximas atividades da lição.

WATCH!

1. Listen and sing. Circle the initial letter of your name.

Escreva um *A* maiúsculo e um *a* minúsculo no quadro. Pergunte aos alunos qual é a letra e a diferença entre elas. Pergunte o que eles sabem sobre o uso de letras maiúsculas. Nesse estágio, eles podem mencionar seu uso no início das frases e para nomes de pessoas.

Peça aos alunos que abram o *Student's Book* na página 36. Diga a eles: *We'll learn a song with the letters of the alphabet*. Toque o áudio (Faixa 27) uma vez e peça aos alunos que sigam as letras em seus livros. Toque o áudio novamente e incentive-os a cantar junto.

Em seguida, peça aos alunos que identifiquem a letra inicial de seus nomes e a circulem. Pergunte sobre letras maiúsculas e minúsculas e qual eles devem circular. Lembre-os de que os nomes próprios começam com letras maiúsculas. Caminhe pela sala de aula para verificar o trabalho deles. Peça aos alunos que compartilhem suas iniciais, em duplas.

LESSON 2

1. Listen and sing. Circle the initial letter of your name. Answers will vary.

WATCH!

Aa Bb Cc Dd Ee Ff Gg Hh Ii
Jj Kk Ll Mm Nn Oo Pp Qq Rr
Ss Tt Uu Vv Ww Xx Yy Zz

2. Listen, stick, and complete the sentences.

LEARN!

a. papaya — I like _____papaya_____.
b. pink — I like _____pink_____.
c. balls — I like _____balls_____.
d. fish — I like my four _____fish_____.

LEARN!

2. Listen, stick, and complete the sentences.

Revise com os alunos o uso de *I like* para expressar preferências. Dê exemplos com vocabulário de frutas, por exemplo, *I like (bananas)*. Mostre aos alunos os adesivos na página 151 e trabalhe o vocabulário. Peça a eles que descolem os adesivos desta atividade com cuidado, e colem as pontas deles na borda de suas carteiras. Em seguida, explique que você reproduzirá o áudio para ajudá-los a colar a imagem na moldura correta. Reproduza o áudio (Faixa 28), pausando-o para permitir que os alunos tenham tempo de fazer a tarefa. Em seguida, explique que eles devem escrever a palavra correspondente a cada imagem. Quando os alunos terminarem, corrija a atividade no quadro e pergunte: *How do you spell (papaya)?*

Audio script (Faixa 28)

2. Listen, stick, and complete the sentences.
  a. I like P-A-P-A-Y-A.
  b. I like P-I-N-K.

3. Listen and color the frames.

a. purple

b. green

c. blue

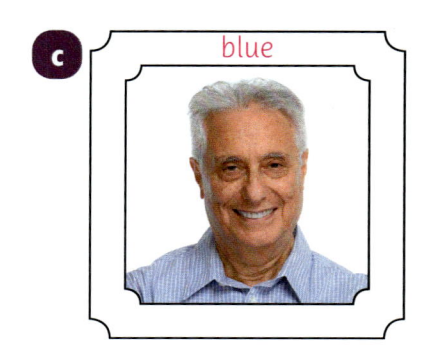

d. yellow

4. All about you! Complete with a color. Then say the letters for a classmate to color. Answers will vary.

You

I like _____.

Your classmate

I like _____.

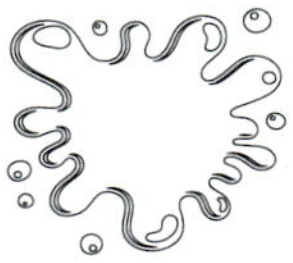

THIRTY-SEVEN **37**

---

c. I like a color beginning with B and ending with E.
d. I like a color beginning with Y and ending with W.

DO!

4. **All about you! Complete with a color. Then say the letters for a classmate to color.**

Leia as frases e diga aos alunos que eles vão escolher uma cor para a mancha de tinta, colori-la e completar a frase.

Quando eles terminarem esta parte, coloque dois alunos juntos, de preferência alunos que estejam sentados longe um do outro. Peça a eles que não mostrem o livro ao colega. Eles se revezarão dizendo: *I like* e soletrando a cor que escolheram. O colega deverá escrever a palavra na frase à direita e colorir a mancha de tinta. Monitore o trabalho da turma e ajude os alunos com as letras corretas.

CLOSING

Peça aos alunos que se levantem e andem livremente pela sala de aula. Quando você disser *stop*, eles precisam parar e se juntar a um colega. Em seguida, eles irão soletrar sua cor favorita e o colega precisará dizer qual é a cor. Ambos fazem isso antes de começar a andar pela sala novamente. Jogue o jogo algumas vezes.

Workbook: A tarefa de casa sugerida para esta lição são as Atividades 3 e 4 na página 109. Lembre-se de demonstrar as atividades em aula antes de passá-las para casa.

---

c. I like B-A-L-L-S.
d. I like my four F-I-S-H.

3. Listen and color the frames.

Explique aos alunos que eles ouvirão algumas pessoas falando sobre sua cor favorita, mas apenas as letras com que a cor começa e termina. Em seguida, eles precisam identificar a palavra e colorir a moldura. Você pode permitir que os alunos trabalhem em duplas. Toque o áudio (Faixa 29) e pause após cada frase para que os alunos identifiquem as letras e descubram de que cor é. Reproduza o áudio completo para que eles verifiquem suas respostas. Em seguida, confira as respostas, mostrando aos alunos o lápis correspondente à medida que eles dizem a cor. Peça que soletrem as palavras.

Audio script (Faixa 29)

3. Listen and color the frames.
a. I like a color beginning with P and ending with E.
b. I like a color beginning with G and ending with N.

Unit 4 **37**

LESSON 3

OBJETIVOS
- Reconhecer e escrever palavras em ordem alfabética

MATERIAIS
Audio pack

OPENING

Toque a música da Lição 2 para iniciar a aula (Faixa 27). Incentive os alunos a cantar junto e levantar a mão ao ouvir a letra inicial de seus nomes.

Corrija a tarefa de casa dos alunos antes de passar para as próximas atividades da lição.

WATCH!

1. Look and listen. Then repeat.

Peça aos alunos que abram o *Student's Book* na página 38. Explore a ilustração com a turma, pedindo aos alunos que a descrevam. Estimule-os a dizer as letras em amarelo e as palavras. Pergunte: *What letter is this?* e *What word is this?* Incentive-os a responder. Reproduza o áudio (Faixa 30) para os alunos ouvirem. Verifique com os alunos se eles entendem o que significa ordem alfabética. Toque o áudio novamente para que eles repitam.

Escreva algumas palavras aleatórias no quadro e pratique com os alunos como escrevê-las em ordem alfabética. Se o tempo permitir, faça o mesmo com os nomes de alguns alunos.

Audio script (Faixa 30)

1. Look and listen. Then repeat.
   Teacher: Blue, cat, fish, love. These words are in alphabetical order.

LEARN!

2. Write the words in alphabetical order. Listen and say.

Chame a atenção dos alunos para os *boxes* e peça a eles que leiam as palavras em voz alta. Em seguida, oriente-os a escrever as palavras em ordem alfabética no espaço disponível.

LESSON 3

1 Look and listen. Then repeat. WATCH!

> Blue, cat, fish, love. These words are in alphabetical order.

BLUE – CAT – FISH – LOVE

2 Write the words in alphabetical order. Listen and say. LEARN!

sixteen   dad

mom

grapes   banana

| banana |
| dad |
| grapes |
| mom |
| sixteen |

38 THIRTY-EIGHT

Determine um tempo para que façam a atividade individualmente e, em seguida, incentive-os a comparar as respostas com as de um colega. Reproduza o áudio (Faixa 31) para que os alunos digam as palavras e confiram as respostas com toda a turma.

Audio script (Faixa 31)

2. Write the words in alphabetical order. Listen and say
   Banana – dad – grapes – mom – sixteen

3. Look at the numbers and pictures. Write the words in alphabetical order.

Aponte para as imagens e incentive os alunos a dizer as palavras correspondentes a elas. Peça a eles que, individualmente, escrevam as palavras em ordem alfabética. Em seguida, permita que os alunos confiram suas respostas em duplas. Corrija as respostas com toda a turma. Escreva as palavras no quadro durante a correção ou peça a alguns alunos que façam isso.

3 **Look** at the numbers and pictures. **Write** the words in alphabetical order.

19 🌸 🍎 🍊 🟤 12

apple, brown, nineteen, orange, pink, twelve

4 **Choose** three words. **Write** them out of alphabetical order. Then **say** them in alphabetical order. *Answers will vary.*

> Yellow, red, strawberry.

> Red, strawberry, yellow.

THIRTY-NINE **39**

CLOSING

Peça a três ou quatro alunos que digam as palavras que escolheram na Atividade 4. Escreva-as no quadro. Você deve ter entre nove e doze palavras no quadro. Peça a eles que continuem em duplas e coloquem todas essas palavras em ordem alfabética. Depois de um tempo, peça a um ou dois alunos que escrevam as palavras na ordem correta no quadro.

Workbook: A tarefa de casa sugerida para esta lição são as Atividades 5 e 6 na página 110. Lembre-se de demonstrar as atividades em aula antes de passá-las para casa.

Lembrete: Envie um bilhete para as famílias dos alunos pedindo diferentes materiais que os alunos possam usar para decorar. Algumas sugestões são: lantejoulas, grama, linha, pedaços de papel colorido, folhas secas, flores, pequenos gravetos, entre outros. Deixe claro que os alunos devem ser capazes de colar os itens no papel.

4. **Choose three words. Write them out of alphabetical order. Then say them in alphabetical order.**

Organize os alunos em duplas. Explore a imagem com a turma e pergunte: *What are they doing?* Se eles responderem em L1, reformule em inglês o que tiverem dito e diga: *They're studying.* Leia o que o menino está dizendo e peça aos alunos que repitam. Faça o mesmo com a menina. Pergunte aos alunos: *What is the objective of this activity?* Ajude-os a entender que eles escreverão e dirão três palavras para seus colegas colocarem em ordem alfabética. Faça uma demonstração da atividade com um aluno, usando as palavras *blue, apple* e *twenty*. Dê um tempo para que eles escolham e anotem as três palavras que eles desejam.

Caminhe pela sala de aula para monitorar o trabalho dos alunos e oferecer ajuda se necessário.

Unit 4 **39**

VALUES AND PROJECT

OBJETIVOS
- Discutir como pode ser divertido ler com outra pessoa
- Criar uma letra usando diferentes materiais

MATERIAIS
Cola, tesoura, folhas de cartolina com as iniciais dos nomes dos alunos (uma por aluno, uma letra por folha), diferentes materiais que os alunos podem usar para decorar suas letras (lantejoulas, grama, linha, pedaços de papel colorido, folhas secas, flores, pequenos gravetos e outros), fita adesiva

VALORES E HABILIDADES
Partilha, perseverança, criatividade

OPENING

Organize os alunos em duplas e atribua papéis – Aluno A e Aluno B – para jogar *Draw on my back* com as letras do alfabeto. Peça às duplas que se levantem e que o Aluno A fique na frente do Aluno B. O Aluno B usa o dedo indicador para "escrever" uma letra nas costas do Aluno A, que deve, então, adivinhar a letra que foi "escrita". Peça aos alunos que troquem de papéis e continuem jogando por algum tempo. Caminhe pela sala de aula para monitorar o trabalho das duplas e oferecer ajuda se necessário.

Corrija a tarefa de casa dos alunos antes de passar para as próximas atividades da lição. Além disso, colete todos os materiais que os alunos trouxeram de casa.

VALUES

LET'S READ TOGETHER!

Peça aos alunos que abram o *Student's Book* na página 40. Explore a ilustração com a turma, incentivando-os a nomear os animais, itens e cores que conseguem ver.

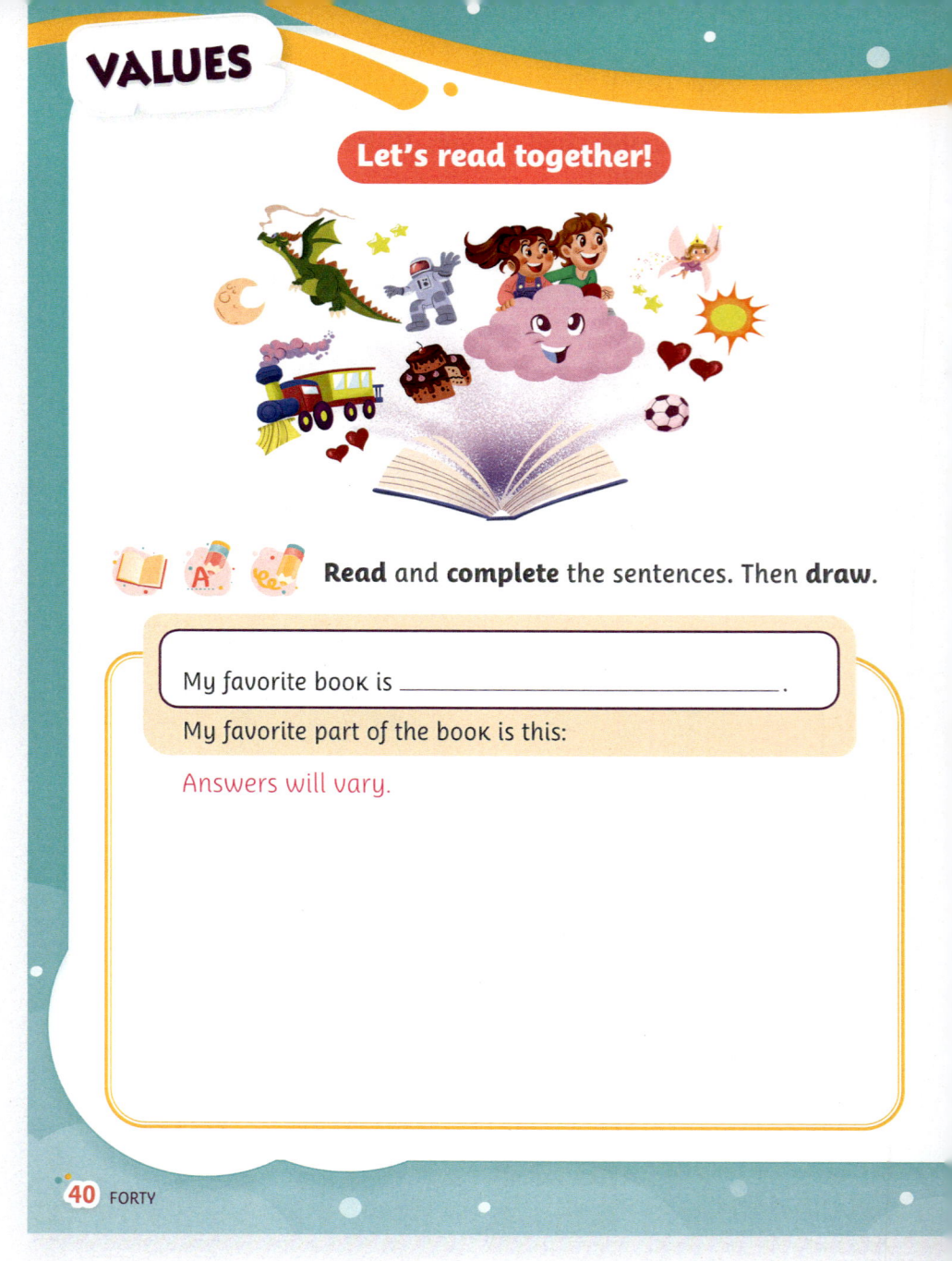

Em seguida, discuta com os alunos se eles gostam de ler, quando o fazem e se gostam de ler com alguém, como um membro da família ou um amigo. Use L1 se necessário.

Incentive-os a falar sobre seus hábitos de leitura, se gostam de histórias para dormir e se têm livros. Pergunte: *Do you like reading? Is reading hard sometimes?* Pergunte aos alunos se eles sabem o que é perseverança. Explique que às vezes a leitura pode ser desafiadora, mas precisamos tentar várias vezes para ter sucesso. A prática leva à perfeição! Diga a eles que os livros nos contam histórias incríveis, apresentam informações importantes e são realmente divertidos de ler. Além disso, vocês podem ler com outras pessoas e se divertir juntos!

Read and complete the sentences. Then draw.
Leia com os alunos a frase que eles devem completar e certifique-se de que entenderam as informações pedidas. Determine um tempo para que façam a atividade de escrever e desenhar a cena favorita de seu livro preferido.

Caminhe pela sala de aula e converse com os alunos enquanto eles trabalham. Incentive-os a nomear os itens que estão desenhando e as cores que estão usando. Quando terminarem, peça que compartilhem seus desenhos, em duplas.

PROJECT

A letter made with things

FORTY-ONE 41

Discuta com os alunos como eles foram criativos com seus desenhos e como a criatividade é importante em nossas vidas. Além disso, mencione que eles usarão a criatividade novamente na próxima tarefa.

PROJECT

A LETTER MADE WITH THINGS

Explore a cena com a turma. Pergunte aos alunos o que as crianças estão fazendo e se reconhecem os materiais que estão usando em seu projeto. Distribua as folhas de cartolina com as iniciais dos alunos e peça que recortem as letras.

Disponibilize os materiais e outros itens para o trabalho dos alunos em três ou quatro estações da sala de aula. Explique que eles devem escolher os materiais que desejam usar e começar a colá-los em suas letras, sendo o mais criativo possível.

Caminhe pela sala de aula para verificar o trabalho da turma. Quando terminarem, peça que deixem seu trabalho de lado por um tempo para que a cola possa secar. Enquanto isso, eles podem arrumar e limpar a sala de aula.

CLOSING

Assim que o trabalho dos alunos estiver seco, peça a eles que te ajudem a expor todas as letras como se estivessem em uma exposição. Eles podem organizar as letras em ordem alfabética, conforme aprenderam na Lição 3.

Dica: Você pode convidar as famílias para ir à escola e ver a exposição dos alunos.

Workbook: A tarefa de casa sugerida para esta lição é a atividade da seção *Grammar Corner* na página 111. Leia os exemplos com os alunos e demonstre a atividade em sala de aula antes de passá-la para casa.

Family Guide: Lembre os alunos de fazer a atividade do *Family Guide* na página 136 com um membro da família.

Unit 4

UNIT 5

MY SCHOOL OBJECTS

UNIT OPENER

OBJETIVOS
- Identificar objetos escolares

MATERIAIS

Audio pack, fita adesiva, objetos escolares (mochila, livro, cola, lápis, régua, apontador), *flashcards: backpack, book, glue, pencil, ruler, sharpener*

Dica: Se os seus alunos estão voltando de um período de férias, reserve um tempo para revisar o conteúdo das unidades anteriores antes de iniciar a aula.

OPENING

Comece a aula revisando o alfabeto. Cante a canção da Unidade 4 novamente e, em seguida, organize os alunos em duplas – Aluno A e Aluno B. Peça que joguem *Drawing in the air* usando o alfabeto. O Aluno A usa o dedo indicador para "desenhar" uma letra no ar para que o Aluno B adivinhe. Depois é a vez do Aluno B "desenhar". Caminhe pela sala de aula para monitorar a atividade e oferecer ajuda se necessário.

Corrija a tarefa de casa dos alunos antes de passar para as próximas atividades da lição.

Family Guide: Converse com os alunos sobre a atividade do *Family Guide*. Pergunte se eles a acharam fácil ou difícil e se gostaram de fazê-la com um membro da família. Em seguida, cheque as respostas. Peça aos alunos que digam algumas palavras ou expressões que usaram.

1. Look, point, and listen.

Peça aos alunos que abram o *Student's Book* nas páginas 42 e 43. Explore a cena da papelaria com os alunos. Diga: *Look at the people. Where are they?* Ouça as ideias dos alunos e diga: *They are in a stationery store*. Depois, pergunte: *Do you know a place like this? What different things do you see?* Incentive os alunos a nomear os objetos que conhecem e escreva uma lista no quadro. Ouça as respostas dos alunos e explique que o menino e a mãe estão comprando objetos escolares. Pergunte: *What does Lucas need to buy?* Ouça as ideias dos alunos e diga: *Let's listen to Lucas and his mom!*

Reproduza o áudio (Faixa 32) enquanto aponta para os balões de fala em seu livro. Incentive os alunos a apontar para os balões de fala enquanto ouvem o áudio.

Audio script (Faixa 32)

1. Look, point, and listen.
Boy: I have books, pencils, a sharpener, glue, and a backpack.
Mom: Do you have a ruler?
Boy: No, I don't.

CLOSING

Jogue *What's missing?* com a turma. Disponha no quadro seis *flashcards* e dê aos alunos um tempo para eles memorizá-los. Peça a eles que fechem os olhos e remova um *flashcard* do quadro. Então, peça aos alunos que olhem para o quadro novamente e pergunte: *What's missing?* Depois que os alunos responderem, mostre o *flashcard* que foi removido para que eles possam conferir suas respostas.

---

1 Look, point, and listen.

2 Listen and repeat.

backpack   book   glue

pencil   ruler   sharpener

2. Listen and repeat.
Use os objetos escolares que você trouxe para a aula para apresentar o vocabulário. Em seguida, diga o nome de um objeto e peça aos alunos que mostrem objetos iguais que eles possuem.

Chame a atenção da turma para as ilustrações dos objetos escolares na página 43. Diga: *Look at the school objects. Let's say their names!* Peça aos alunos que digam os nomes dos itens. Reproduza o áudio (Faixa 33) para os alunos repetirem as palavras.

Audio script (Faixa 33)

2. Listen and repeat.
Backpack – book – glue – pencil – ruler – sharpener

Unit 5

LESSON 1

OBJETIVOS
- Identificar e nomear objetos escolares
- Usar os artigos *a* e *an* com substantivos no singular

MATERIAIS

Objetos escolares que os alunos aprenderam na aula anterior somados aos novos (mochila, livro, giz de cera, copo, carteira, borracha, cola, caneta, lápis, estojo, tesoura, apontador), adesivos, *audio pack*, *flashcards*: *backpack, book, cup, desk, glue, pen, pencil, pencil case, ruler, scissors, sharpener*

OPENING

Revise os objetos escolares. Coloque os seguintes itens sobre uma carteira: uma cola, um lápis, um livro, uma mochila e um apontador. Aponte para um objeto por vez e peça aos alunos que os nomeiem. Em seguida, diga: *Guess what object I'm spelling!* Soletre o nome de um dos objetos e peça aos alunos que o diga em voz alta. Então chame um aluno para pegar o *flashcard* correto.

WATCH!

1. Look and listen. Then repeat.

Peça aos alunos que abram o *Student's Book* na página 44. Eles devem apontar para os itens da imagem e dizer as palavras que já conhecem. Então diga: *Let's learn the names of these new objects.*

Toque o áudio (Faixa 34) e aponte para os objetos conforme forem mencionados. Em seguida, toque o áudio novamente e peça aos alunos que o repitam. Depois, chame a atenção para o *box* com os exemplos usando *a* e *an* e explique/revise resumidamente a diferença. Por fim, mostre aos alunos todos os *flashcards* da lição anterior e da lição de hoje e peça a eles que digam as palavras correspondentes.

Audio script (Faixa 34)

1. Look and listen. Then repeat.
A cup – scissors – an eraser – a pen – a crayon – a pencil – a pencil case – a desk

LESSON 1

1 Look and listen. Then repeat. **WATCH!**

- a cup
- a crayon
- scissors
- a pencil
- a desk
- a pen
- a pencil case
- an eraser

a desk
an eraser

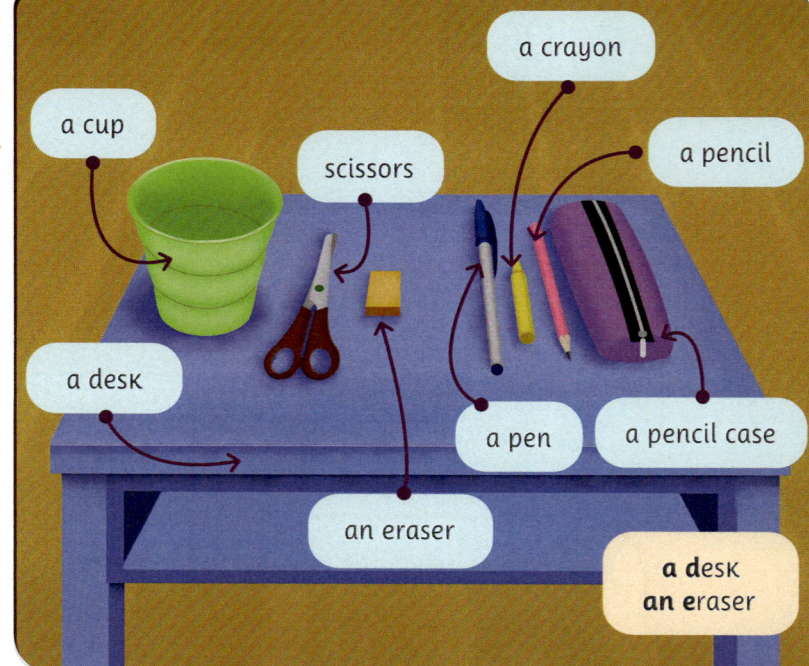

2 Read the words, stick the pictures, and say. **LEARN!**

a	b	c
crayon and ruler	eraser	sharpener
a crayon and a ruler	an eraser	a sharpener

44 FORTY-FOUR

Dica: Não trabalhe com regras gramaticais para *a/an* neste momento. Os alunos dessa idade aprendem usando a linguagem em interações significativas. Peça a eles que identifiquem o copo dobrável na imagem, um tipo de copo que você pode dobrar e levar com você – é mais ecológico do que usar copos plásticos descartáveis.

LEARN!

2. Read the words, stick the pictures, and say.

Chame a atenção dos alunos para a atividade e peça que digam o que se espera que eles façam. Mostre aos alunos os adesivos na página 151 e peça que digam o que eles veem.

Peça que descolem os adesivos desta atividade com cuidado, e colem as pontas deles na borda de suas carteiras. Então diga: *Let's read the words and stick the pictures!* Incentive a turma a ler uma palavra em voz alta e, em seguida, colar o adesivo correspondente na moldura. Repita o procedimento com os outros adesivos. Caminhe pela sala de aula para conferir o trabalho dos alunos.

3. **Look** at the pictures and **complete** the words.

a. B_O_O_K_S

b. P_E_N_C_I_L_S

c. B_A_CK_P_A_C_K

d. DE_S_K

4. **All about you! Draw** and **say** what is on your desk. Answers will vary.

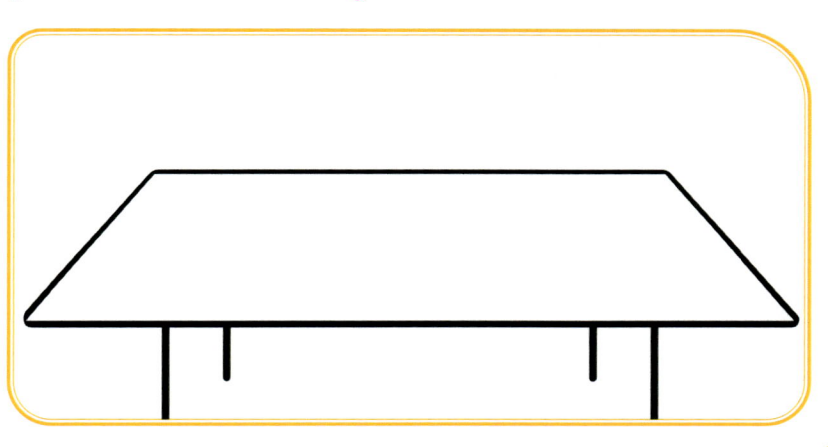

DO!

FORTY-FIVE 45

Determine um tempo para que a tarefa seja realizada e caminhe pela sala de aula para monitorar a atividade dos alunos. Quando o tempo acabar, organize os alunos em duplas. Faça-os apontar e nomear os objetos que desenharam em suas carteiras, dizendo: *A (pencil), an (eraser), scissors* etc. Monitore a atividade.

CLOSING

Jogue *Guess from the letter* com a turma. Você dirá aos alunos a primeira letra de uma palavra desta lição e eles precisam identificar qual é a palavra. Você também pode dar as duas primeiras letras se necessário. Diga, por exemplo: *d*, e peça aos alunos que digam: *desk*. Repita o procedimento com diferentes palavras da lição.

Workbook: A tarefa de casa sugerida para esta lição são as Atividades 1 e 2 nas páginas 112 e 113. Lembre-se de demonstrar as atividades em aula antes de passá-las para casa.

---

3. **Look at the pictures and complete the words.**

Chame a atenção dos alunos para as ilustrações e peça que digam os nomes dos objetos. Em seguida, explique que eles devem completar as palavras com as letras que faltam. Aponte para a primeira palavra e pergunte: *What word is this?* Ouça as ideias dos alunos e, então, pergunte: *What letters are missing?*

Complete a primeira palavra como exemplo. Em seguida, dê aos alunos um tempo para completar as outras. Quando os alunos terminarem, corrija a atividade no quadro, encorajando-os a soletrar as palavras.

DO!

4. **All about you! Draw and say what is on your desk.**

Chame a atenção para a carteira e pergunte: *What is this?* Peça aos alunos que digam: *a desk.* Então diga: *Oh, this is a clean desk. Where are the objects? Let's draw!*

Incentive os alunos a compartilhar ideias sobre os objetos que podem ficar em cima da carteira. Desenhe no quadro os itens que eles mencionarem. Em seguida, diga: *Now it's your turn! Let's put our school objects on the desk.*

Unit 5 45

LESSON 2

OBJETIVOS
- Identificar e nomear objetos escolares
- Perguntar e responder sobre a cor dos objetos escolares

MATERIAIS

Audio pack, objetos escolares (mochila, livro, giz de cera, copo, carteira, borracha, cola, caneta, lápis, estojo, tesoura e apontador), uma venda

OPENING

Jogue *Snowman* com a turma usando os objetos escolares. Escolha um objeto e, no quadro, trace um espaço em branco para cada letra da palavra. Em seguida, desenhe um boneco de neve próximo a ele.

Peça aos alunos que digam as letras. Se eles adivinharem corretamente uma letra da palavra, escreva-a no espaço em branco apropriado; se eles errarem, apague parte do boneco de neve, como se ele estivesse "derretendo". Se os alunos adivinharem a palavra antes de o boneco de neve "derreter", eles ganham o jogo. Permita que os alunos joguem a próxima rodada em duplas.

Corrija a tarefa de casa dos alunos antes de passar para as próximas atividades da lição.

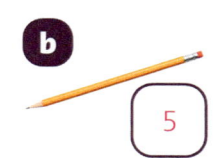

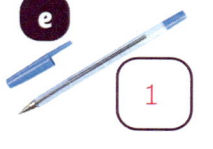

WATCH!

1. Listen and check the pictures with the school objects in the song. Then sing.

Peça aos alunos que abram o *Student's Book* na página 46. Explore as imagens com eles, pedindo que digam os objetos escolares que conseguem ver.

Então diga: *Let's listen to a song about some school objects*. Toque o áudio (Faixa 35) uma vez, para que os alunos ouçam a canção e marquem apenas as imagens dos objetos mencionados na canção. Depois, leia a letra da canção em voz alta, pedindo aos alunos que repitam cada verso. Corrija a atividade perguntando: *What objects did you hear in the song?* Peça a eles que mostrem seus próprios objetos escolares para verificar a compreensão. Por fim, reproduza o áudio novamente e incentive os alunos a cantar junto.

LEARN!

2. Read and number the school objects.

Peça aos alunos que observem a atividade e digam o que se espera que eles façam. Ouça as ideias deles e diga: *Look, these are Matt's school objects. Let's read the sentences and number the school objects accordingly*. Dê um tempo para que os alunos façam a tarefa enquanto você caminha pela sala de aula, conferindo o trabalho deles e oferecendo ajuda se necessário. Quando o tempo acabar, corrija a atividade com toda a turma. Peça aos alunos que leiam as frases em voz alta.

Conexão CLIL: Você pode aproveitar esta oportunidade e explorar geometria com uma atividade sobre as formas vistas em objetos escolares disponível no Portal.

LESSON 2

1 **Listen** and **check** the pictures with the school objects in the song. Then **sing**.

This is …
This is my cup.
This is my book.
This is my backpack.
Come on, have a look.

2 **Read** and **number** the school objects.

1. This is my pen.
2. This is my glue.
3. This is my eraser.
4. This is my sharpener.
5. This is my pencil.
6. This is my ruler.

a. 2
b. 5
c. 3
d. 6
e. 1
f. 4

46 FORTY-SIX

3 Write a new version for the song. Then sing and point to the objects. Answers will vary.

This is my _____.

This is my _____.

This is my _____.
Come on, have a look.

4 All about you! Read the questions, write the answers, and talk to a classmate. Answers will vary.

a. What color is your eraser? It's _____.

b. What color is your backpack? It's _____.

c. What color is your pencil case? _____.

d. What color is your favorite pencil? _____.

FORTY-SEVEN **47**

---

nas duas últimas respostas. Quando o tempo acabar, organize os alunos em duplas e peça que se revezem fazendo as perguntas e respondendo. Caminhe pela sala de aula e monitore a atividade.

Dica: Escreva os nomes das cores no quadro e peça aos alunos que os leiam em voz alta para ajudá-los a realizar a atividade.

CLOSING

Disponha os objetos escolares em uma carteira. Dê aos alunos um tempo para memorizá-los. Em seguida, vende um aluno e remova um dos objetos da carteira. Depois, tire a venda e peça ao aluno que adivinhe o material que está faltando. Se o tempo permitir, repita o jogo com diferentes objetos e alunos.

Workbook: A tarefa de casa sugerida para esta lição são as Atividades 3 e 4 nas páginas 113 e 114. Lembre-se de demonstrar as atividades em aula antes de passá-las para casa.

---

3. Write a new version for the song. Then sing and point to the objects.

Diga aos alunos que eles escreverão sua própria versão para a canção que cantaram na Atividade 1. Diga: *Let's write a song!* Explique que eles devem completar as frases com os nomes de três de seus próprios objetos escolares. Diga: *It's OK if they don't rhyme.*

Quando eles terminarem, promova um momento *show-and-tell*, pedindo a alguns voluntários que venham até a frente e cantem suas canções com os objetos. Como alternativa, eles podem ensinar sua canção para um colega de turma.

4. All about you! Read the questions, write the answers, and talk to a classmate.

Pegue uma borracha emprestada de um aluno, mostre-a para a turma e pergunte ao dono da borracha: *What color is your eraser?* Aguarde a resposta do aluno e, se necessário, complete-a dizendo: *It's (blue).* Chame a atenção dos alunos para as perguntas da atividade e leia-as com eles. Explique que eles devem escrever as cores.

Dê aos alunos um tempo para responder às perguntas de acordo com os objetos escolares que possuem. Ajude-os a perceber que precisam escrever frases completas

Unit 5 **47**

LESSON 3

OBJETIVOS
- Reconhecer coisas que eles têm ou não têm
- Praticar como dar respostas curtas

MATERIAIS
Audio pack, um lápis, uma borracha, uma régua

OPENING

Organize os alunos em três grupos e atribua um dos objetos da canção da lição anterior a cada um. Toque a canção (Faixa 35). Os grupos levantam as mãos quando ouvirem seu objeto.

Corrija a tarefa de casa dos alunos antes de passar para as próximas atividades da lição.

WATCH!

1. Look, listen, and repeat.

Peça aos alunos que abram o *Student's Book* na página 48. Aponte para as imagens e pergunte: *Where are they?* Diga: *They are in a stationery store.* Escreva o nome do local no quadro. Diga: *Let's find out what Jenny needs.*

Toque o áudio (Faixa 36) para os alunos ouvirem e repetirem. Use gestos para transmitir os significados de *Yes, I do* e *No, I don't*. Em seguida, pergunte: *What does Jenny have? What doesn't she have?*

Audio script (Faixa 36)

1. Look, listen, and repeat.
   Dad: Do you have crayons?
   Girl: Yes, I do.
   Dad: Do you have a pencil case?
   Girl: No, I don't.

LEARN!

2. Listen and circle the correct answer.

Antes de iniciar a atividade, convide um aluno para ir à frente da classe e entregue a ele um lápis, uma borracha e uma régua. Depois, pergunte: *Do you have a pencil?* Ouça sua resposta, corrigindo-a se necessário. Em seguida, pergunte: *Do you*

LESSON 3

1 Look, listen, and repeat. WATCH!

- Do you have crayons? — Yes, I do.
- Do you have a pencil case? — No, I don't.

2 Listen and circle the correct answer. LEARN!

a. Yes, I do. / No, I don't.
b. Yes, I do. / No, I don't.
c. Yes, I do. / No, I don't.
d. Yes, I do. / No, I don't.

have a book? Mais uma vez, ouça a resposta do aluno e a corrija se necessário. Se o tempo permitir, repita o procedimento com outros materiais e outros alunos.

Chame a atenção dos alunos para as crianças na atividade. Diga: *Let's see if they have some school objects or not.* Toque o áudio (Faixa 37) e pause após o primeiro diálogo, fazendo-o como exemplo com a turma toda. Em seguida, toque os diálogos restantes, pausando o áudio para dar um tempo aos alunos circularem as respostas corretas. Corrija a atividade no quadro com toda a turma.

Audio script (Faixa 37)

2. Listen and circle the correct answer.
   a. A: Do you have three books?
      B: Yes, I do.
   b. A: Do you have a green ruler?
      B: No, I don't.
   c. A: Do you have colored pencils?
      B: Yes, I do.

3 **Look** at the picture, **read** the question, and **write** the answer. Then **say**.

a
A: Do you have glue?
B: Yes, I do.

b
A: Do you have scissors?
B: No, I don't.

c
A: Do you have an eraser?
B: Yes, I do.

4 **All about you! Read** and **answer** the questions. Then **talk** to a classmate. Answers will vary.

a. Do you have a ruler? _____
b. Do you have a blue backpack? _____
c. Do you have a red pencil? _____
d. Do you have scissors? _____

FORTY-NINE **49**

---

d. A: Do you have a red backpack?
   B: No, I don't.

3. Look at the picture, read the question, and write the answer. Then say.

Convide um aluno para ir à frente da classe e incentive-o a fazer perguntas usando *Do you have (school object)?* Confira seus objetos escolares sobre a carteira e responda: *Yes, I do* ou *No, I don't*, de acordo com a estiver sobre ela.

Em seguida, chame a atenção dos alunos para a atividade. Peça que digam as palavras correspondentes aos objetos nas imagens e certifique-se de que eles entendem que a marca de *check* verde significa que eles têm o objeto e o X vermelho significa que eles não têm o material. Faça a letra A com a turma e, em seguida, determine um tempo para que os alunos façam a atividade individualmente. Corrija as respostas no quadro.

Então organize os alunos em duplas e peça que se revezem fazendo as perguntas e respondendo. Caminhe pela sala de aula para monitorar a atividade.

DO!

4. All about you! Read and answer the questions. Then talk to a classmate.

Pergunte aos alunos: *Do you have an English book?* enquanto você mostra o seu próprio livro. Ouça as respostas e enfatize que eles devem dizer: *Yes, I do*. Depois, pergunte: *Do you have an invisible backpack?* Ouça as respostas e enfatize que devem dizer: *No, I don't*. Chame a atenção dos alunos para a atividade e pratique a leitura das perguntas com eles. Dê a eles um tempo para fazer a tarefa. Quando o tempo terminar, organize-os em duplas e peça que se revezem fazendo as perguntas e respondendo.

CLOSING

Pergunte aos alunos sobre suas atividades favoritas nesta unidade até agora. Permita que todos compartilhem suas opiniões com a turma.

Workbook: A tarefa de casa sugerida para esta lição é a Atividade 5 na página 114. Lembre-se de demonstrar a atividade em aula antes de passá-la para casa.

Unit 5 **49**

VALUES AND PROJECT

OBJETIVOS
- Discutir a importância de organizar seus objetos escolares
- Fazer uma *tag* com o nome para sua mochila ou estojo

MATERIAIS
Tiras de papel (uma por aluno), um estojo com uma *tag* e o seu nome nela, diversas folhas de papel com objetos escolares, uma toalha de mesa de tecido grande ou folhas de papel, folhas de EVA coloridas recortadas em retângulos de 10x5 cm, tesouras, furador, pedaços de fita em cores diferentes (dois ou três por aluno, 20 cm de comprimento), canetinhas

VALORES E HABILIDADES
Disciplina, responsabilidade, comprometimento, comunicação

OPENING

Distribua as tiras de papel e diga aos alunos para escreverem um objeto escolar nelas. Eles não podem contar a ninguém o item que escolheram. Diga: *Imagine the object on the slip is the only school object you have*. Em seguida, os alunos caminham pela sala de aula, perguntando a seus colegas: *Do you have (a book)?* Quando encontram alguém que tenha o objeto na tira de papel, os dois alunos se sentam.

Corrija a tarefa de casa dos alunos antes de passar para as próximas atividades da lição.

VALUES

KEEP YOUR SCHOOL OBJECTS ORGANIZED.

Antes desta atividade, coloque os objetos escolares em lados diferentes da sua mesa de forma que tenha um lado bagunçado e outro organizado para mostrar aos alunos. Coloque uma toalha de mesa sobre os dois lados. Remova a toalha da mesa e peça aos alunos que observem os dois lados da mesa. Pergunte: *What objects can you see?* Incentive os alunos

VALUES

Keep your school objects organized.

a — messy
b — neat
c — messy
d — neat

Look at the pictures and **write** *messy* or *neat*. Then **look** at your backpack/desk. Is it messy or neat? Answers will vary.

50 FIFTY

a nomeá-los. Pergunte: *What's the difference between these two sides?* Ouça as ideias dos alunos e apresente as palavras *messy* e *neat*, escrevendo-as no quadro.

Discuta com os alunos qual lado eles acham que é melhor e por quê. Reflita sobre a importância de ser um aluno organizado. Ressalte as vantagens de manter o material escolar bem organizado e em ordem, bem como a importância de ser responsável por ele.

Look at the pictures and write *messy* or *neat*. Then look at your backpack/desk. Is it messy or neat?

Peça aos alunos que abram o *Student's Book* na página 50. Explore as ilustrações com eles, incentivando-os a identificar se as ilustrações mostram situações bagunçadas ou organizadas. Diga: *Let's write messy or neat for each picture*. Dê aos alunos um tempo para trabalharem individualmente enquanto você caminha pela sala de aula. Ao terminar, incentive-os a comparar suas respostas com as de um colega.

Em seguida, organize os alunos em grupos de três ou quatro integrantes. Diga: *Get your backpack and show it to your classmates. Is it messy or neat?* Dê a eles um tempo para que trabalhem em seus grupos. Monitore a atividade e, em seguida, convide alguns alunos para dizer à turma se a mochila deles está bagunçada ou arrumada. Se estiverem bagunçadas, os alunos devem dizer o que fazer para organizá-las.

PROJECT

A name tag

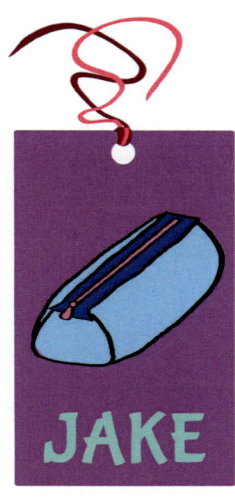

EMILY

BEN

LIZ

JAKE

FIFTY-ONE 51

PROJECT

A NAME TAG

Esconda seu estojo com uma *tag* com o seu nome em algum lugar da sala de aula. Finja que você o perdeu. Pergunte aos alunos: *Where's my pencil case?* e finja estar preocupado. Depois de perguntar a alguns alunos, vá até o local onde você o escondeu e diga: *Here it is! Look, this is my pencil case, it has a tag with my name on it!*

Mostre a *tag* para a turma e discuta o porquê é importante a pessoa identificar seus materiais escolares e outros pertences. Em seguida, pergunte: *Can you show me how you identify your books and school objects?* Conforme os alunos mostram seus objetos com *tags* ou etiquetas adesivas, fale sobre as cores, formas e tamanhos que elas têm. Em seguida, diga: *Let's make name tags for our backpacks!*

Distribua os modelos de *tag*. Em seguida, peça aos alunos que pensem sobre como podem escrever seus nomes nas *tags* e adicionar um desenho de seu objeto escolar favorito. Monitore o trabalho dos alunos e faça perguntas sobre a cor de suas *tags*, a grafia de seus nomes etc. Quando eles terminarem, deixe as *tags* de lado por alguns minutos para secar.

Então peça aos alunos que escolham um pedaço de fita colorida. Mostre a eles como passar a fita pelo buraco e amarrá-la nas mochilas. Discuta novamente a importância de ser responsável pelos próprios objetos e como as *tags* vão ajudá-los a encontrar seus itens caso os percam.

CLOSING

Peça aos alunos que compartilhem seu trabalho com toda a turma. Eles podem dizer: *It's for my backpack!*

Workbook: A tarefa de casa sugerida para esta lição é a atividade da seção *Grammar Corner* na página 115. Leia os exemplos com os alunos e demonstre a atividade em aula antes de passá-la para casa.

Family Guide: Lembre os alunos de fazer a atividade do *Family Guide* na página 137 com um membro da família.

Unit 5 **51**

UNIT 6

LET'S VISIT A FARM!

UNIT OPENER

OBJETIVOS
- Identificar animais de fazenda

MATERIAIS
Audio pack, tiras de papel (três ou quatro por aluno), fita adesiva, *flashcards*: bee, cow, duck, hen, goat, horse, pig, sheep

OPENING

Comece a aula revisando o alfabeto e os objetos escolares. Distribua as tiras de papel. Soletre a palavra correspondente a um objeto escolar para os alunos escreverem na tira de papel, por exemplo: *book*. Em seguida, os alunos devem dizer em voz alta o que escreveram. Repita o procedimento algumas vezes. Você também pode convidar alguns alunos a tentar soletrar as palavras para seus colegas, escrevendo a palavra primeiro para guiá-los na tarefa de soletrar.

Corrija a tarefa de casa dos alunos antes de passar para as próximas atividades da lição.

> **Family Guide:** Converse com os alunos sobre a atividade do *Family Guide*. Pergunte se eles a acharam fácil ou difícil e se gostaram de fazê-la com um membro da família. Em seguida, cheque as respostas. Peça aos alunos que digam algumas palavras ou expressões que usaram.

1. Look, listen, and role-play.

Peça aos alunos que abram o *Student's Book* nas páginas 52 e 53. Explore a cena na fazenda com eles. Diga: *Look at the woman and the girl. Where are they? Are they at the beach? Are they on a farm?* Ouça as ideias dos alunos e diga: *They are on a farm.* Incentive-os a nomear as coisas com as quais estão familiarizados na cena e pergunte se eles já foram a uma fazenda. Aponte para a menina em seu livro e diga: *This is Jane. She is visiting a farm with her family. Let's listen to her talking to a farmer.*

Reproduza o áudio (Faixa 38) enquanto aponta para os balões de fala em seu livro. Pergunte: *What animal is she asking about?* Ouça as ideias dos alunos.

Reproduza o áudio novamente e peça aos alunos que repitam o diálogo. Divida a turma em dois grupos, atribua uma função a cada um e peça que encenem o diálogo. Se o tempo permitir, faça com que os grupos troquem de papéis.

Audio script (Faixa 38)
1. Look, listen, and role-play.
   Girl: Is it a sheep?
   Woman: No, it isn't. It's a goat.

CLOSING

Jogue *Clap if it's right* com a turma usando os *flashcards*. Mostre um dos *flashcards* e diga o nome de um animal. Se corresponder ao animal do cartão, os alunos devem bater palmas. Se o tempo permitir, peça a diferentes alunos que venham à frente da classe e joguem uma rodada.

---

2. Listen and repeat. Then find.

2 Listen and repeat. Then find.

39

bee — cow — duck — goat
hen — horse — pig — sheep

FIFTY-THREE 53

2. Listen and repeat. Then find.

Peça aos alunos que fechem seus livros. Use os *flashcards* para apresentar o vocabulário. Em seguida, disponha os *flashcards* pela sala de aula, diga uma palavra e peça aos alunos que apontem para ela. Nesta etapa, não é necessário que eles repitam as palavras, pois as repetirão na próxima parte da tarefa.

Peça aos alunos que abram o *Student's Book* na página 53 novamente. Reproduza o áudio (Faixa 39) para que os alunos ouçam e repitam as palavras. Depois, chame a atenção deles para a cena da fazenda novamente. Diga: *Let's find the animals on the farm!* Diga o nome de um animal (por exemplo, *duck*) e peça aos alunos que apontem para ele na cena. Faça isso com todos os animais. Então pergunte: *Which animal isn't in the farm scene?* Incentive-os a responder, *The cow*.

Audio script (Faixa 39)

2. Listen and repeat. Then find.
Bee – cow – duck – goat – hen – horse – pig – sheep

Unit 6 **53**

LESSON 1

OBJETIVOS
- Falar sobre animais de fazenda
- Expressar preferências

MATERIAIS
Oito tiras de papel, cada um com o nome de um animal de fazenda (*bee, cow, duck, goat, hen, horse, pig, sheep*), uma bolsa ou caixa, adesivos, *audio pack*

OPENING

Revise as palavras para animais de fazenda. Diga aos alunos que vocês jogarão um jogo de mímica. Peça a um voluntário que venha à frente da classe e pegue uma tira de papel da sacola/caixa com o nome de um animal. Esse aluno representa os movimentos do animal – os alunos não podem usar palavras, mas podem fazer os sons dos animais – e os outros alunos devem tentar adivinhar. Aquele que acertar será o próximo a vir para a frente.

WATCH!

1. Look at the pictures. Listen and repeat the conversations.

Peça aos alunos que abram o *Student's Book* na página 54. Chame a atenção deles para as imagens e pergunte: *What farm animals can you see?* Ouça as respostas dos alunos e escreva as palavras no quadro. Então diga: *Let's listen to the conversations*. Reproduza o áudio (Faixa 40) e aponte para as imagens conforme forem mencionadas. Em seguida, reproduza o áudio novamente e pause após cada frase para que os alunos as repitam. Verifique se eles entenderam as frases.

Audio script (Faixa 40)

1. Look at the pictures. Listen and repeat the conversations.
   a. A: What's your favorite farm animal?
      B: My favorite farm animal is the hen.
   b. A: I love cows! They're my favorite farm animal.
      B: I like cows, too.

LESSON 1

1 **Look** at the pictures. **Listen** and **repeat** the conversations.

WATCH!

a  
A: What's your favorite farm animal?
B: My favorite farm animal is the hen.

b 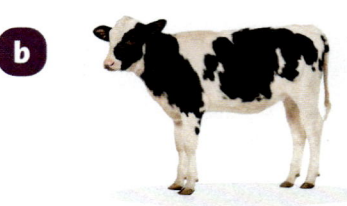
A: I love cows! They're my favorite farm animal.
B: I like cows, too.

2 **Write** the letters in the correct order.

LEARN!

a. IGP ___PIG___
b. AOTG ___GOAT___
c. EBE ___BEE___
d. KDCU ___DUCK___
e. PSEHE ___SHEEP___

3 **Read** and **say** the sentences. Then **stick**.

a. goat — I like goats.
b. sheep — I love sheep!
c. hen — My favorite farm animal is the hen.

54 FIFTY-FOUR

LEARN!

2. Write the letters in the correct order.

Chame a atenção dos alunos para a atividade e peça que digam o que eles devem fazer. Pergunte: *Can you order the letters and write the words for farm animals?* Dê aos alunos um tempo para fazer a tarefa. Se eles tiverem dificuldade em fazê-la, permita que voltem a consultar a página 53. Em seguida, corrija a atividade no quadro com a ajuda da turma toda.

3. Read and say the sentences. Then stick.

Indique aos alunos os ícones para esta atividade e explique o que eles devem fazer. Diga: *Let's use the stickers to do this activity*. Mostre aos alunos os adesivos na página 153 e peça que digam o que eles veem. Peça que descolem os adesivos desta atividade com cuidado, e colem as pontas deles na borda de suas carteiras. Então diga: *Let's read the sentences and stick the pictures!* Incentive a turma a ler uma frase em voz alta. Em seguida, peça que colem na moldura o adesivo correspondente. Repita o procedimento com os outros adesivos.

4. Listen and circle the correct pictures.

a. b. c.

5. All about you! Ask your classmates and circle the pictures in the chart. Answers will vary.

What's your favorite farm animal?	
You	
Classmate 1: _____	
Classmate 2: _____	

FIFTY-FIVE **55**

---

5. All about you! Ask your classmates and circle the pictures in the chart.

Peça aos alunos que façam uma pesquisa para descobrir os animais de fazenda favoritos de seus colegas. Demonstre como fazer a pergunta: *What's your favorite farm animal?* e como respondê-la: *It's the (hen).* Diga a eles para primeiro responderem à pergunta e, em seguida, fazê-la para dois colegas diferentes, escrevendo seus nomes no gráfico e circulando o animal que corresponda às suas respostas.

Os alunos devem levantar-se e andar pela sala de aula para fazer a atividade. Você pode dividi-los em pequenos grupos para organizar melhor a turma.

CLOSING

Peça a alguns alunos que relatem as respostas da Atividade 5 para a turma. Escreva modelos no quadro, por exemplo: *(Lisa's) favorite farm animal is ...*

Workbook: A tarefa de casa sugerida para esta lição são as Atividades 1 e 2 nas páginas 116 e 117. Lembre-se de demonstrar as atividades em aula antes de passá-las para casa.

---

4. Listen and circle the correct pictures.

Chame a atenção dos alunos para as imagens e peça que digam o nome dos animais. Em seguida, diga: *Let's listen and circle the correct animal.* Reproduza o áudio (Faixa 41) e pause após a primeira frase. Faça esse item como um exemplo com toda a turma. Em seguida, reproduza o áudio para as outras frases, pausando após cada uma para que os alunos tenham tempo para circular a imagem correta. Corrija a atividade pedindo a diferentes alunos que digam o animal que circularam em cada letra.

Audio script (Faixa 41)

4. Listen and circle the correct pictures.
a. I like cows! They're my favorite farm animals.
b. I love bees.
c. My favorite farm animal is the hen.

Unit 6 **55**

LESSON 2

OBJETIVOS
- Fazer e responder perguntas de *yes/no* sobre animais de fazenda

MATERIAIS
Audio pack, uma folha de papel, *flashcards*: bee, cow, duck, goat, hen, horse, pig, sheep

OPENING

Jogue *Guess the animal* com a turma. Divida o quadro em cinco partes e a turma em cinco grupos. Chame um aluno por grupo e sussurre o nome de um animal de fazenda para cada um deles. Quando você disser *Go!*, eles começam a desenhar e o grupo precisa adivinhar o animal. O primeiro grupo a adivinhar vence a rodada. Jogue outra rodada depois.

Corrija a tarefa de casa dos alunos antes de passar para as próximas atividades da lição.

WATCH!

1. Listen, read, and repeat the conversation.

Peça aos alunos que abram o Student's Book na página 56. Explore as cenas com eles, perguntando o que as meninas estão fazendo. Em seguida, diga: *Let's listen to the girls*. Reproduza o áudio (Faixa 42) e aponte para cada balão de fala. Ressalte que as meninas são irmãs e estão jogando um jogo de adivinhação.

Reproduza o áudio novamente para que os alunos possam ouvir e repetir as frases. Certifique-se de que eles façam as perguntas com a entonação correta. Corrija-os se necessário.

Audio script (Faixa 42)

1. Listen, read, and repeat the conversation.
   Girl 1: Is it a cow?
   Girl 2: Yes, it is.
   Girl 1: Is it a duck?
   Girl 2: No, it isn't. It's a hen.

Dica: Ajude os alunos a identificar *rising intonation* em perguntas de *yes/no*.

LESSON 2

1 Listen, read, and repeat the conversation. WATCH!

- Is it a cow?
- Yes, it is.
- Is it a duck?
- No, it isn't. It's a hen.

2 Look, read, and check the correct answers. LEARN!

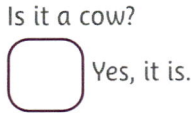

a. Is it a cow?
- ☐ Yes, it is.
- ✓ No, it isn't.

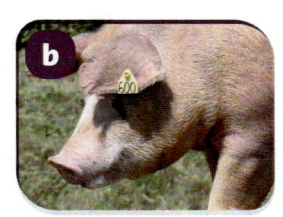

b. Is it a pig?
- ✓ Yes, it is.
- ☐ No, it isn't.

c. Is it a duck?
- ✓ Yes, it is.
- ☐ No, it isn't.

LEARN!

2. Look, read, and check the correct answers.

Chame a atenção dos alunos para as imagens e pergunte se eles conseguem identificar os animais. Leia a primeira pergunta com eles, acenando com a cabeça para *Yes, it is* e balançando com a cabeça para *No, it isn't*. Em seguida, diga: *Let's read and check the correct answers*.

Explique a atividade e dê um tempo para que os alunos a façam. Caminhe pela sala de aula monitorando a atividade. Peça aos alunos que comparem suas respostas com as de um colega.

3. Listen and circle YES or NO.

Chame a atenção dos alunos para as imagens, aponte para uma imagem por vez e pergunte: *What's this?* Explique que eles ouvirão algumas perguntas e que precisam olhar as imagens e fazer um círculo na resposta correta, *yes* ou *no*.

Reproduza o áudio (Faixa 43) e pause após cada pergunta para que os alunos tenham tempo para fazer a tarefa. Ao terminar, corrija a atividade oralmente com a ajuda de toda a turma.

3 Listen and circle YES or NO.

a. YES / NO
b. YES / NO
c. YES / NO
d. YES / NO
e. YES / NO
f. YES / NO

4 Draw and play a guessing game. Answers will vary. DO!

- Is it a **cow**?
- No, it isn't.
- Is it a **horse**?
- Yes, it is.

FIFTY-SEVEN **57**

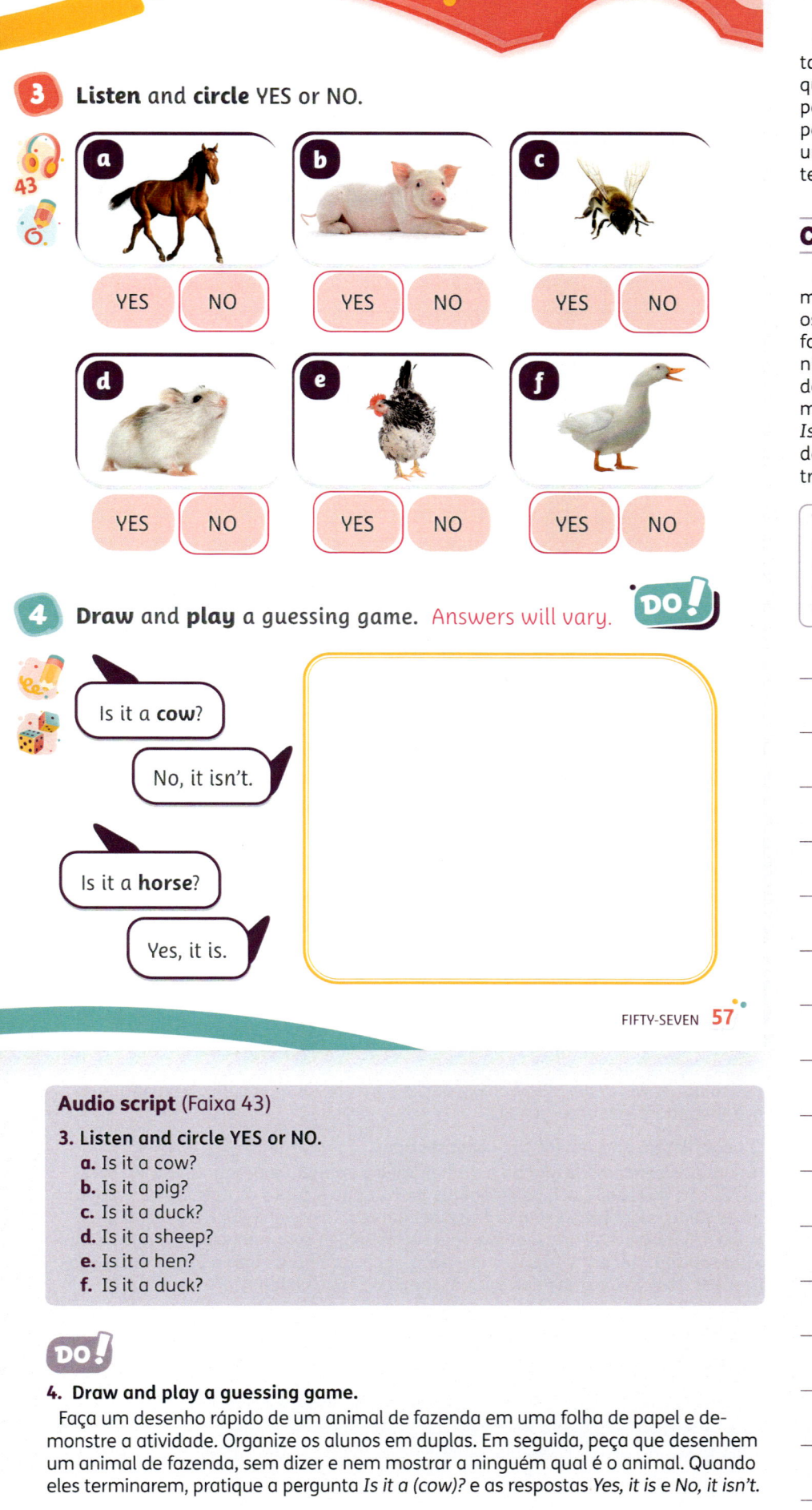

Quando as duplas estiverem prontas para trabalhar, certifique-se de que os alunos fiquem de frente um para o outro, segurando seus livros para que não vejam os desenhos uns dos outros. Defina um limite de tempo para a tarefa e monitore-os.

CLOSING

Jogue o jogo da Atividade 4 novamente, mas, em vez de desenhar, os alunos fingirão ser um animal de fazenda ou outro animal da qual conheçam a palavra, como os animais de estimação. Enquanto eles fazem mímica, o outro colega pergunta: *Is it (a cow)?* Eles precisam responder adequadamente. Os alunos trocam de papéis.

Workbook: A tarefa de casa sugerida para esta lição é a Atividade 3 na página 117. Lembre-se de demonstrar a atividade em aula antes de passá-la para casa.

Audio script (Faixa 43)

3. Listen and circle YES or NO.
  a. Is it a cow?
  b. Is it a pig?
  c. Is it a duck?
  d. Is it a sheep?
  e. Is it a hen?
  f. Is it a duck?

DO!

4. Draw and play a guessing game.
Faça um desenho rápido de um animal de fazenda em uma folha de papel e demonstre a atividade. Organize os alunos em duplas. Em seguida, peça que desenhem um animal de fazenda, sem dizer e nem mostrar a ninguém qual é o animal. Quando eles terminarem, pratique a pergunta *Is it a (cow)?* e as respostas *Yes, it is* e *No, it isn't*.

Unit 6

LESSON 3

OBJETIVOS
- Relacionar sons com animais de fazenda
- Perguntar e responder sobre animais de fazenda

MATERIAIS
Uma folha de cartolina, *audio pack*, folhas de papel e lápis de cor (ou massinha), *flashcards: bee, cow, duck, goat, hen, horse, pig, sheep*

OPENING

Jogue *Slide it!* com a turma. Sem que eles percebam, selecione um dos *flashcards* e cubra-o com a folha de cartolina. Mostre o *flashcard* coberto para a turma e diga: *You have to ask me to slide the sheet so you can see the picture.* Ensine os alunos a dizer *Slide it!* para que você possa mover a folha que está cobrindo o *flashcard*. Deslize-a um pouco, revelando uma pequena parte da imagem que está no *flashcard* e pergunte: *Do you know what it is?* Peça aos alunos que levantem a mão para participar e explique que você só responderá às perguntas que comecem com *Is it a... ?* Se no início ninguém adivinhar, incentive-os a pedir que você deslize o papel da maneira que ensinou e continue deslizando aos poucos, repetindo o procedimento até eles acertarem. Se der tempo, faça o mesmo com outros *flashcards*.

Corrija a tarefa de casa dos alunos antes de passar para as próximas atividades da lição.

WATCH!

1. Listen and sing.

Peça aos alunos que abram o *Student's Book* na página 58. Diga: *Let's learn a song about animal sounds.* Toque a canção (Faixa 44) para que os alunos a ouçam e a acompanhem em seus livros. Em seguida, leia a letra da canção em voz alta, pedindo a eles que repitam cada verso. Pergunte: *What farm animals are mentioned in the song?* e peça aos alunos que os encontrem na letra. Escreva as palavras no quadro. Eles devem

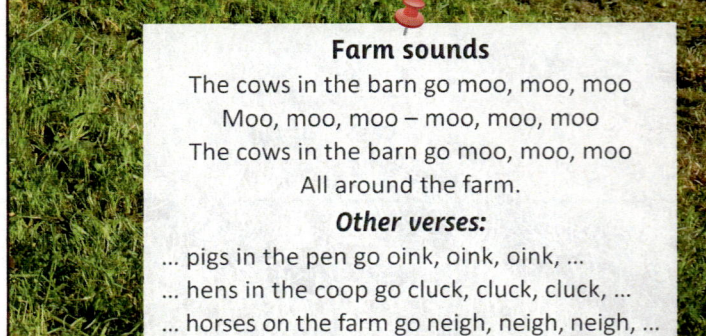

LESSON 3

1 Listen and sing.

WATCH!

Farm sounds

The cows in the barn go moo, moo, moo
Moo, moo, moo – moo, moo, moo
The cows in the barn go moo, moo, moo
All around the farm.

Other verses:
... pigs in the pen go oink, oink, oink, ...
... hens in the coop go cluck, cluck, cluck, ...
... horses on the farm go neigh, neigh, neigh, ...
... ducks in the pond go quack, quack, quack, ...
... sheep in the hill go baa, baa, baa, ...

2 Look, listen, and repeat the conversations.

a
A: Are they horses?
B: Yes, they are.

b
A: Are they cows?
B: No, they aren't. They're goats.

---

mencionar *cows, hens, pigs, horses, ducks* e *sheep*. Toque a canção novamente, incentivando-os a cantar junto.

2. Look, listen, and repeat the conversations.

Chame a atenção dos alunos para a primeira imagem e pergunte: *How many horses can you see?* Ouça as respostas dos alunos e conte os cavalos na imagem. Em seguida, diga: *Let's listen to the questions and answers.* Reproduza o áudio (Faixa 45) uma vez e, em seguida, reproduza-o pela segunda vez para que os alunos o repitam. Incentive-os a acenar com a cabeça para cima e para baixo para dizer *Yes, they are* e movê-las para os lados dizendo *No, they aren't*.

Audio script (Faixa 45)

2. Look, listen, and repeat the conversations.
 a. **A:** Are they horses?
    B: Yes, they are.
 b. **A:** Are they cows?
    B: No, they aren't. They're goats.

3. Look, read, and complete the conversations.

bees | ducks | No | pigs | they | Yes

a 
- **A:** Are they _bees_?
- **B:** _Yes_, they are.

b 
- **A:** Are they _pigs_?
- **B:** _No_, they aren't. They're goats.

c 
- **A:** Are they _ducks_?
- **B:** Yes, _they_ are.

4. Draw some farm animals. Then play the game.

- **A:** Are they bees?
- **B:** No, they aren't.
- **A:** Are they cows?
- **B:** Yes, they are.

FIFTY-NINE 59

---

4. Draw some farm animals. Then play the game.

Distribua as folhas de papel. Peça aos alunos que desenhem dois ou três animais de fazenda. Como alternativa, você pode pedir que façam os animais com massinha, como os das imagens.

Depois, organize os alunos em duplas. Exemplifique a pergunta e as respostas com dois alunos. Peça às duplas que se revezem fazendo as perguntas e respondendo para adivinhar os animais desenhados ou de massinha que seus colegas fizeram. Caminhe pela sala de aula para monitorar a atividade.

CLOSING

Disponha pela sala de aula os animais que os alunos fizeram para promover um *gallery walk*. Proporcione um momento em que os alunos caminhem pela exposição apreciando e comentando as obras. Eles devem andar em duplas, se revezando ao apontar para os animais na exposição, perguntando e respondendo, por exemplo: *Are they (cows)? No, they aren't.* ou *Yes, they are.*

Workbook: A tarefa de casa sugerida para esta lição são as Atividades 4 e 5 na página 118. Lembre-se de demonstrar as atividades em aula antes de passá-las para casa.

Lembrete: Envie uma mensagem às famílias dos alunos pedindo a parte inferior de uma garrafa PET, bolas de algodão e sementes (feijão, melancia ou tomate) para a próxima aula.

---

3. Look, read, and complete the conversations.

Chame a atenção dos alunos para as imagens e pergunte: *What can you see?* Diga: *Let's complete the conversations!* Aponte para as palavras e preencha o primeiro espaço em branco com os alunos. Dê a eles um tempo para preencher os outros espaços em branco individualmente. Incentive-os a riscar as palavras que usarem. Quando eles terminarem, peça que comparem suas respostas com um colega. Por fim, corrija a atividade com toda a turma.

Conexão CLIL: Você pode aproveitar esta oportunidade e explorar ciências com uma atividade sobre alimentos que vêm da fazenda disponível no Portal.

Unit 6 59

VALUES AND PROJECT

OBJETIVOS
- Conscientizar sobre os alimentos que vêm da fazenda
- Fazer uma horta

MATERIAIS
Garrafas PET (as que os alunos trouxeram de casa e algumas extras), bolas de algodão, borrifadores com água, sementes de melancia, tomate, feijão, alpiste, etiquetas adesivas, canetinhas

VALORES E HABILIDADES
Responsabilidade, cooperação, liderança, organização, resolução de problemas

OPENING

Toque a canção (Faixa 44) da Lição 3 para iniciar a aula. Incentive os alunos a cantar junto. Em seguida, organize-os em seis grupos e atribua a cada grupo um dos animais de fazenda mencionados na canção, por exemplo: *You are the (hen) group!* Em seguida, toque a canção novamente para jogar. Os grupos se levantam e cantam seu trecho da canção quando ouvirem o animal de fazenda atribuído a eles.

Corrija a tarefa de casa dos alunos antes de passar para as próximas atividades da lição.

VALUES

FARMS GIVE US FOOD.

Discuta as coisas boas que as fazendas e o campo podem oferecer, por exemplo, ar fresco, água limpa, frutas, mel, leite, queijo, vegetais, ovos etc. Escreva as ideias dos alunos no quadro. Ressalte que os agricultores e outros trabalhadores do campo são comprometidos em fornecer os melhores produtos para as pessoas comerem e são trabalhadores essenciais. Acrescente que devemos respeitar e apreciar seus esforços. Peça aos alunos que abram o *Student's Book* na página 60. Explore as imagens com eles, incentivando-os a dizer como esses itens são importantes para suas refeições.

Complete the mind map with your classmates.

Chame a atenção dos alunos para o *mind map*. Explique o que é um *mind map*: um diagrama que ajuda a organizar informações relacionadas a um determinado tópico. Diga que o tópico está no meio e as palavras ao seu redor estão relacionadas a ele. Peça aos alunos para que trabalhem juntos em grupos de seis a oito integrantes e pensem nas coisas que vêm da fazenda. Todos os alunos precisam pensar em pelo menos uma palavra, mas, se não conseguirem pensar em uma palavra diferente, podem andar pela sala de aula e pedir ajuda aos outros grupos.

Monitore o trabalho dos alunos e ajude-os com o idioma quando necessário. Quando eles terminarem, peça que escolham um membro do grupo para compartilhar suas palavras com os alunos.

VALUES

Farms give us food.

What comes from the farm?

Complete the mind map with your classmates.
Answers will vary.

PROJECT

A small vegetable garden

1. Use a plastic bottle or a plastic cup. 
2. Put some cotton into the bottle and water the cotton. 
3. Plant the seeds. Use beans, sunflower seeds, tomato seeds, avocado seeds, or watermelon seeds. 
4. Water the cotton again. 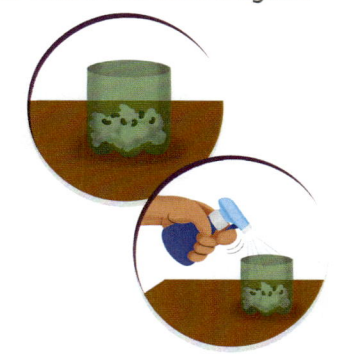
5. Watch the plants grow!

SIXTY-ONE 61

---

garrafas. Lembre-os de que precisam cuidar de suas sementes para que elas possam crescer. Pergunte: *What do the seeds need now?* Explique que elas precisam de água e luz solar. Acrescente que cada aluno é responsável por cuidar de sua horta e deve demonstrar comprometimento, assim como os agricultores fazem com seus produtos.

Peça aos alunos que levem suas pequenas hortas para casa e, de tempos em tempos, verifique com eles como as hortas estão indo.

Dica: É importante dizer aos alunos que as sementes nem sempre germinam e brotam e, se isso acontecer, não devem ficar tristes. Eles podem tentar plantar uma nova semente até conseguirem.

CLOSING

Converse com os alunos sobre o tempo que as sementes podem levar para germinar. Pergunte se eles acham que as sementes brotam rápida ou lentamente e o que é necessário para que elas germinem. Algumas sementes podem levar até duas semanas para germinar, por isso eles precisam esperar com paciência.

Workbook: A tarefa de casa sugerida para esta lição é a atividade da seção *Grammar Corner* na página 119. Leia os exemplos com os alunos e demonstre a atividade em aula antes de passá-la para casa.

Family Guide: Lembre os alunos de fazer a atividade do *Family Guide* na página 138 com um membro da família.

PROJECT

A SMALL VEGETABLE GARDEN

Discuta com os alunos como eles podem ter mais áreas verdes na escola, nas ruas e em suas casas. Ouça suas ideias e chame sua atenção para as ilustrações do livro. Peça a eles que expliquem o que irão fazer. Então diga: *Let's plant our vegetable garden!*

Peça aos alunos que peguem os materiais que trouxeram de casa. Apresente o vocabulário (*bottle, seeds, cotton, spray* etc). Peça a eles que coloquem uma camada de algodão no fundo da garrafa de plástico e borrifem água para umedecê-la. Diga: *Now, let's put the seeds on the cotton.* Monitore os alunos enquanto eles estão trabalhando.

Se possível, trabalhe em parceria com o professor de ciências neste projeto. Distribua as etiquetas adesivas a cada aluno e peça que escrevam seus nomes para que saibam a quem pertence cada planta. Mostre a eles como colar a etiqueta em suas

UNIT 7

MY BODY

UNIT OPENER

OBJETIVOS
- Identificar partes do corpo

MATERIAIS
Uma canção animada em inglês, *audio pack, flashcards: arm, hand, foot, head, leg, tummy*

OPENING

Peça aos alunos que se levantem. Toque uma canção animada em inglês para que eles dancem como quiserem, mas respeitando o espaço um do outro. Enquanto você dança com eles, explique que vai mostrar alguns movimentos. Balance seus braços e diga: *Move your arms*. Bata palmas e diga: *Now, let's clap!*

Corrija a tarefa de casa dos alunos antes de passar para as próximas atividades da lição.

> **Family Guide:** Converse com os alunos sobre a atividade do *Family Guide*. Pergunte se eles a acharam fácil ou difícil e se gostaram de fazê-la com um membro da família. Em seguida, cheque as respostas. Peça aos alunos que digam algumas palavras ou expressões que usaram.

1. Look, listen, and repeat.

Peça aos alunos que abram o *Student's Book* nas páginas 62 e 63. Chame a atenção para as crianças dançando na cena e diga: *These children are friends. They like dancing.* Em seguida, explique que elas estão jogando um jogo de video game com dança. Diga: *When we dance, we move our body!* Enfatize a palavra *body* e peça aos alunos que a repitam. Pergunte: *Look. Where are they?* Ouça a ideia dos alunos. Então diga: *They're in the living room. Let's listen to them!*

Reproduza o áudio (Faixa 46) duas vezes enquanto aponta para os balões de fala em seu livro. Incentive os alunos a apontar para as crianças enquanto ouvem o áudio. Em seguida, reproduza o áudio mais uma vez para que os alunos o ouçam e repitam.

Audio script (Faixa 46)

1. Look, listen, and repeat.
   Girl 1: Stamp your foot!
   Girl 2: Clap your hands!
   Boy: OK.

2. Listen, find, and repeat.

Em seguida, use os *flashcards* para apresentar o novo vocabulário. Ao mostrar os *flashcards*, incentive os alunos a apontar para as partes de seus corpos.

Chame a atenção deles para a cena da sala de estar novamente. Diga: *Let's listen and find the body parts in the scene.* Toque o áudio (Faixa 47), pausando após cada palavra.

caminhar em direção ao *flashcard* correspondente quando ouvirem seu grupo sendo chamado. Diga: *Number (one) students, walk to the (head)!* e espere que o grupo caminhe em direção ao *flashcard*. Repita o procedimento com os outros grupos e *flashcards*.

2 Listen, find, and repeat.

| arms | feet | hands |
| head | legs | tummy |

SIXTY-THREE 63

Quando eles terminarem, diga: *Now let's listen and repeat the words*. Reproduza o áudio novamente e pause após cada palavra para que os alunos as repitam. Como uma atividade de *follow-up*, você pode apontar para as partes do seu corpo e pedir aos alunos que digam a palavra correspondente a ela.

Audio script (Faixa 47)

2. **Listen, find, and repeat.**
   Arms – feet – hands – head – legs – tummy

Dica: Peça aos alunos que observem que as palavras nesta atividade estão no plural e os *flashcards* estão no singular. Explique a diferença entre *foot* e *feet*.

CLOSING

Jogue *Flashcard race* com os alunos. Espalhe os *flashcards* pela sala de aula e organize os alunos em seis grupos, atribuindo um número de 1 a 6 para cada grupo. Explique que você dirá uma palavra para cada grupo e que os alunos devem

Unit 7 **63**

LESSON 1

OBJETIVOS
- Identificar e nomear partes do corpo

MATERIAIS
Audio pack, folhas de papel com palavras correspondentes às partes do corpo em uma *word snake*, flashcards: *arm, leg, foot, hand, head, tummy*

OPENING

Comece a aula revisando as partes do corpo. Jogue *Stand up, sit down* com a turma. Aponte para uma parte do corpo e diga a palavra correspondente a ela ou outra palavra. Os alunos se levantam se o que você tiver dito estiver correto, e permanecem sentados se estiver incorreto. Você também pode dizer três partes do corpo, uma após a outra, para tornar a tarefa mais desafiadora para os alunos. Se eles identificarem algum erro, devem se sentar.

WATCH!

1. Listen and repeat the body parts.

Peça aos alunos que abram o *Student's Book* na página 64. Aponte para a imagem do menino e pergunte os nomes de quais partes do corpo eles se lembram. Ouça as ideias deles e peça que apontem para seu próprio corpo. Então diga: *Let's listen and repeat the body parts*. Reproduza o áudio (Faixa 48) para os alunos ouvirem e repetirem. Verifique a compreensão do vocabulário fazendo-os apontar para suas próprias partes do corpo depois de repetir as palavras.

Dica: Lembre os alunos da palavra *leg*, que não está nesta atividade.

Audio script (Faixa 48)

1. **Listen and repeat the body parts.**
   Head – shoulder – arm – tummy – hand – foot

LESSON 1

1 Listen and repeat the body parts.

- head
- shoulder
- arm
- tummy
- hand
- foot

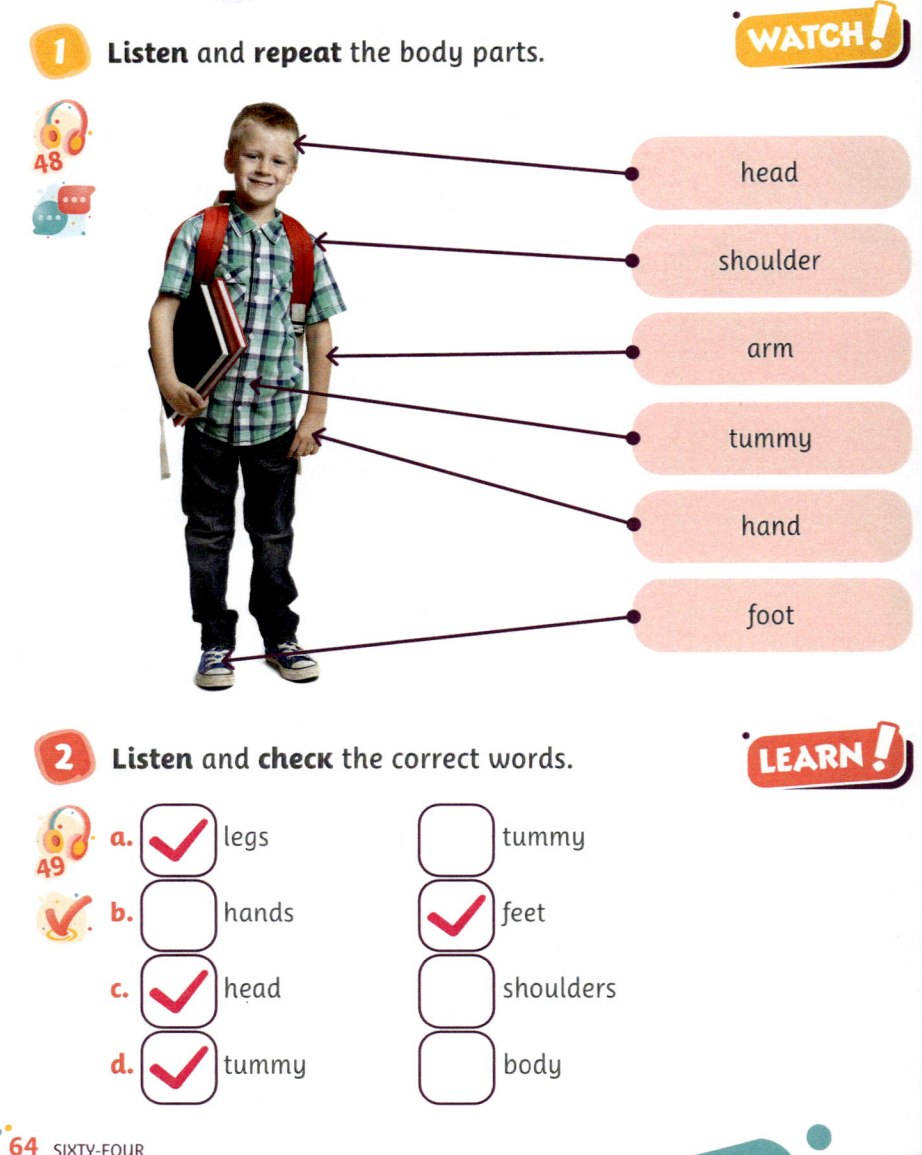

2 Listen and check the correct words.

a. ✓ legs ☐ tummy
b. ☐ hands ✓ feet
c. ✓ head ☐ shoulders
d. ✓ tummy ☐ body

64 SIXTY-FOUR

LEARN!

2. Listen and check the correct words.

Leia as palavras em voz alta com os alunos e peça que apontem para as próprias partes do corpo enquanto leem. Diga: *Now, let's listen and check the words we hear*. Toque o áudio (Faixa 49) e pause após a primeira palavra, usando-a como exemplo. Em seguida, reproduza a faixa pelo menos duas vezes para as palavras restantes.

Corrija a atividade com os alunos. Peça a quatro alunos que escrevam as palavras no quadro.

Audio script (Faixa 49)

2. **Listen and check the correct words.**
   Legs – feet – head – tummy

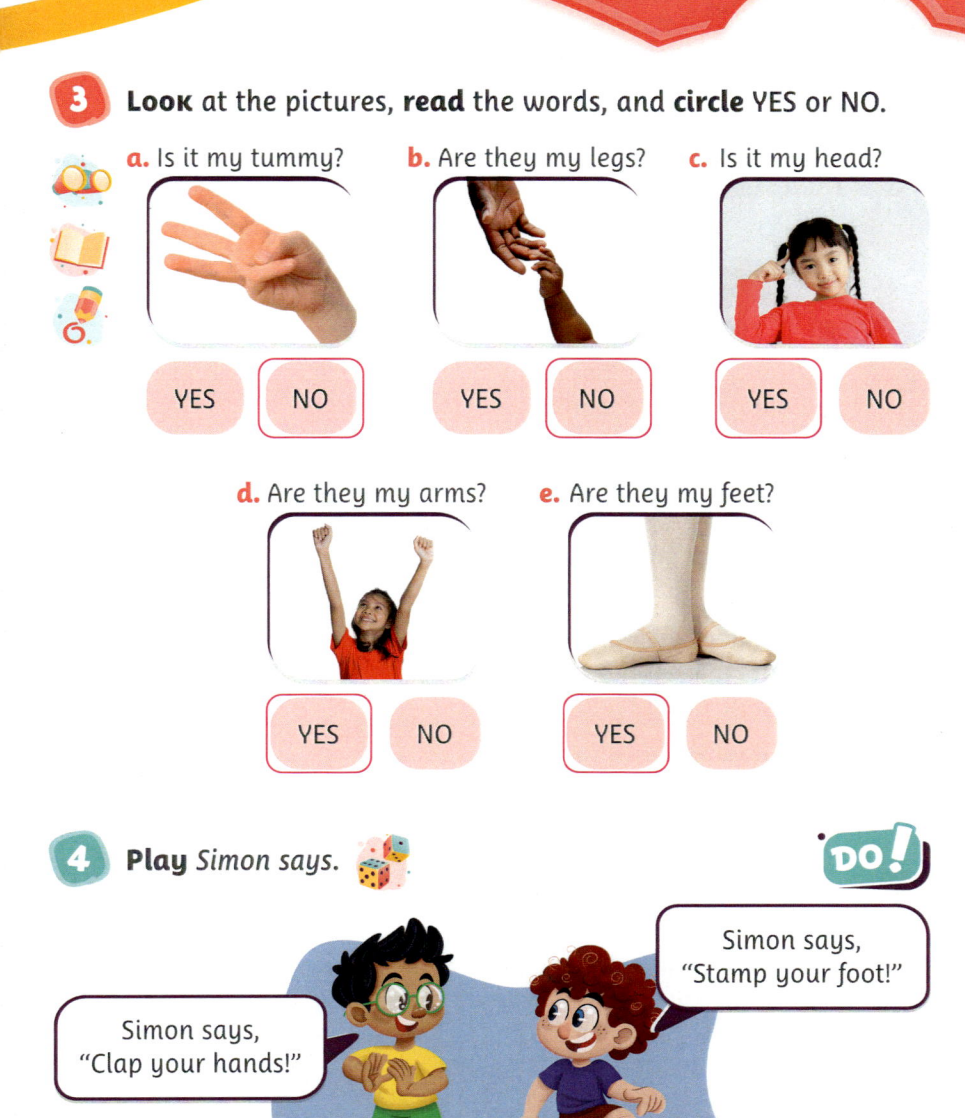

3 Look at the pictures, read the words, and circle YES or NO.

a. Is it my tummy?   YES   NO

b. Are they my legs?   YES   NO

c. Is it my head?   YES   NO

d. Are they my arms?   YES   NO

e. Are they my feet?   YES   NO

4 Play Simon says. DO!

Simon says, "Clap your hands!"

Simon says, "Stamp your foot!"

SIXTY-FIVE **65**

DO!

4. Play Simon says.

Jogue *Simon says* com os alunos. Explique o jogo: um aluno será Simon e dará os comandos a seus colegas. No entanto, os jogadores só devem obedecer aos comandos que começarem com *Simon says*. Se o aluno disser: *Simon says, move your feet!*, então os jogadores devem mover seus pés; se o aluno simplesmente disser: *Move your feet!*, os jogadores não devem se mover.

Revise *Stamp your feet!* e *Clap your hands!*, relembrando a cena da lição anterior se necessário. Jogue uma rodada com toda a turma. Em seguida, escolha um aluno para ser Simon e ficar à frente da classe, dizendo aos jogadores o que eles devem fazer.

CLOSING

Jogue *Find the words* com a turma para revisar as partes do corpo. Organize os alunos em duplas e dê a cada dupla uma folha de papel com uma *word snake*. Peça aos alunos que encontrem e circulem na *word snake* as palavras correspondentes às partes do corpo. Para tornar a atividade mais desafiadora, peça a eles que não olhem as páginas da lição anterior.

Quando eles terminarem, peça que troquem as folhas de papel com outra dupla para verificar as palavras.

> **Workbook:** A tarefa de casa sugerida para esta lição são as Atividades 1 e 2 na página 120. Lembre-se de demonstrar as atividades em aula antes de passá-las para casa.

---

3. Look at the pictures, read the words, and circle YES or NO.

Escreva as palavras *Yes* e *No* no quadro e peça aos alunos que as leiam e levantem o polegar quando disserem *Yes* e posicionem o polegar para baixo quando disserem *No*. Aponte para a sua cabeça e pergunte: *Is it my tummy?* e incentive-os a dizer *Yes* ou *No*. Aponte para seu ombro e pergunte: *Is it my shoulder?* e peça a eles que façam o mesmo. Chame a atenção deles para a atividade e diga: *Now, let's do the same in the activity*. Enquanto eles estão fazendo a atividade, caminhe pela sala e ofereça ajuda se necessário. Corrija a atividade chamando diferentes alunos para dizer as respostas.

> **Conexão CLIL:** Você pode aproveitar esta oportunidade e explorar ciências com uma atividade sobre como manter os olhos e ouvidos saudáveis disponível no Portal.

Unit 7 **65**

LESSON 2

OBJETIVOS
- Dizer as partes do corpo
- Identificar palavras no singular e no plural
- Distinguir *right* e *left*

MATERIAIS
Audio pack

OPENING

Jogue *Copy my moves* com os alunos. Levante-se e erga a mão. Os alunos copiam você. Em seguida, levante a mesma mão e bata o pé. Então mova as duas partes anteriores e seu ombro para que os alunos copiem os movimentos. Termine o jogo perguntando aos alunos quais partes do corpo você moveu e em que ordem foram movidas: *hand*, *foot* e *shoulder*.

Corrija a tarefa de casa dos alunos antes de passar para as próximas atividades da lição.

WATCH!

1. Listen and circle the words for body parts. Then sing.

Peça aos alunos que abram o *Student's Book* na página 66. Explore a cena com os alunos, pedindo que eles digam o que conseguem ver. Explique que *the Hokey Pokey* é uma canção tradicional que as crianças cantam nos Estados Unidos e que *hokey pokey* significa o movimento de dança que eles fazem durante a canção.

Ensine aos alunos as palavras *right* e *left*. Toque a canção (Faixa 50). Em seguida, pergunte: *What body parts are mentioned in the song?* e ajude-os a circular as palavras na letra da canção. Verifique as respostas com toda a turma.

Em seguida, peça aos alunos que se levantem e toque a canção para que eles a ouçam, cantem e dancem.

LESSON 2

1. Listen and circle the words for the body parts. Then sing. WATCH!

HOKEY POKEY

You put your right (foot) in
You put your right (foot) out
You put your right (foot) in

Chorus
And you shake it all about
You do the Hokey Pokey
And you turn yourself around,
That's what it's all about.

You put your left (hand) in
You put your left (hand) out
You put your left (hand) in ...

You put your right (shoulder) in
You put your right (shoulder) out
You put your right (shoulder) in ...

2. Listen and point. Then repeat. LEARN!

> Hi, my name's Tux. I have one leg, four arms, four hands, eight fingers, and two heads. How many heads do you have?

66 SIXTY-SIX

LEARN!

2. Listen and point. Then repeat.

Chame a atenção dos alunos para a imagem. Pergunte: *What's this?* Ouça as respostas dos alunos e diga: *This is a little monster! Let's listen to him*. Toque o áudio (Faixa 51) e peça aos alunos que sigam as informações e apontem para as partes do corpo do monstro. Apresente a palavra *fingers*. Reproduza o áudio novamente para repetição. Em seguida, converse com os alunos sobre a pergunta ao final e esclareça o significado. Incentive-os a respondê-la.

Audio script (Faixa 51)

2. Listen and point. Then repeat.
Hi, my name's Tux. I have one leg, four arms, four hands, eight fingers, and two heads. How many heads do you have?

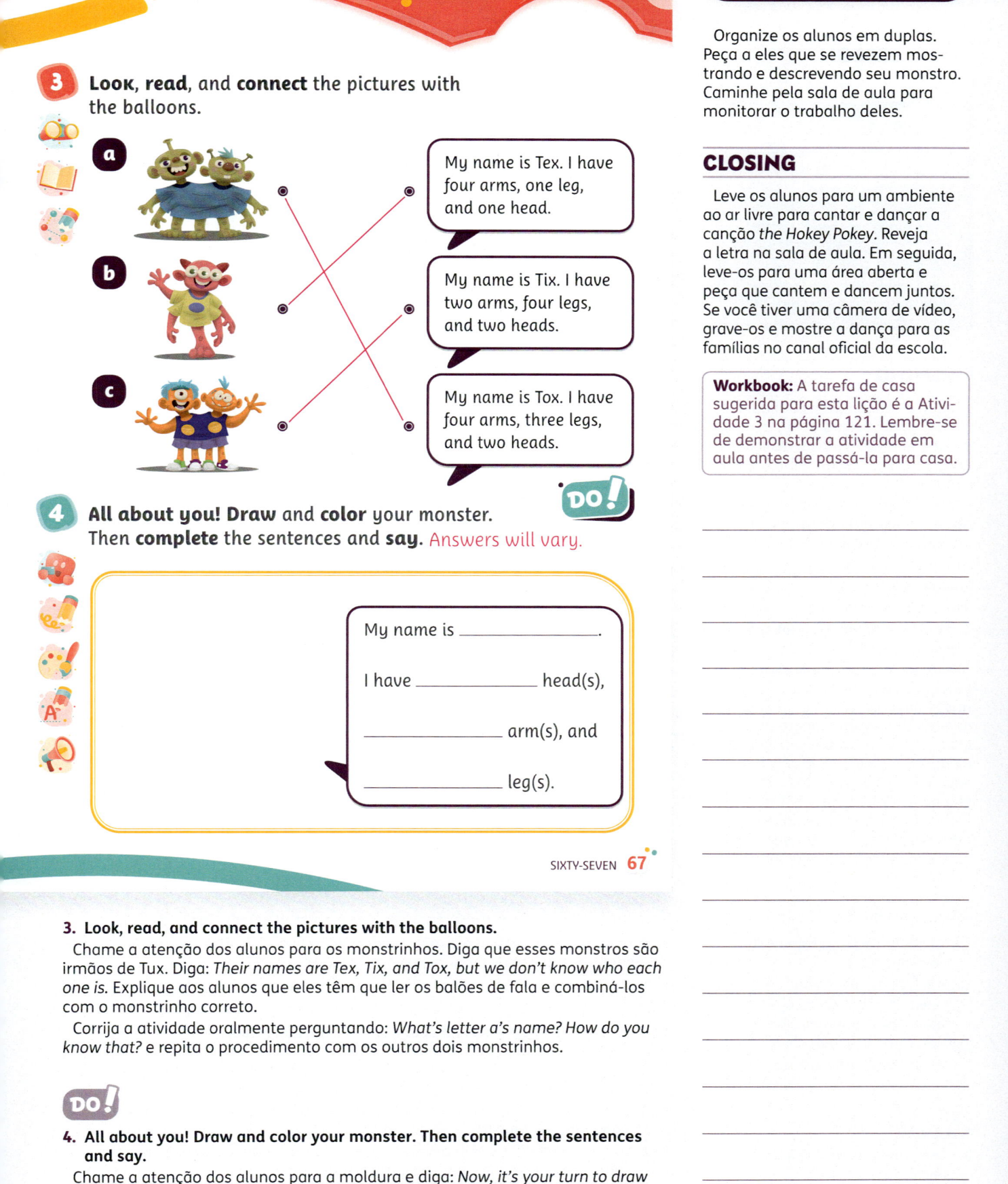

3 Look, read, and connect the pictures with the balloons.

a.

b.

c.

- My name is Tex. I have four arms, one leg, and one head.
- My name is Tix. I have two arms, four legs, and two heads.
- My name is Tox. I have four arms, three legs, and two heads.

4 All about you! Draw and color your monster. Then complete the sentences and say. Answers will vary.

My name is _____.

I have _____ head(s),

_____ arm(s), and

_____ leg(s).

SIXTY-SEVEN **67**

---

3. Look, read, and connect the pictures with the balloons.

Chame a atenção dos alunos para os monstrinhos. Diga que esses monstros são irmãos de Tux. Diga: *Their names are Tex, Tix, and Tox, but we don't know who each one is.* Explique aos alunos que eles têm que ler os balões de fala e combiná-los com o monstrinho correto.

Corrija a atividade oralmente perguntando: *What's letter a's name? How do you know that?* e repita o procedimento com os outros dois monstrinhos.

DO!

4. All about you! Draw and color your monster. Then complete the sentences and say.

Chame a atenção dos alunos para a moldura e diga: *Now, it's your turn to draw your monster*. Explique que, depois de terminar o desenho, eles têm de completar o balão de fala com o nome do monstro e o número de cabeças, braços e pernas que ele tem. Se o tempo permitir, peça aos alunos que pintem seus monstros ou diga para que façam isso em casa.

Organize os alunos em duplas. Peça a eles que se revezem mostrando e descrevendo seu monstro. Caminhe pela sala de aula para monitorar o trabalho deles.

CLOSING

Leve os alunos para um ambiente ao ar livre para cantar e dançar a canção *the Hokey Pokey*. Reveja a letra na sala de aula. Em seguida, leve-os para uma área aberta e peça que cantem e dancem juntos. Se você tiver uma câmera de vídeo, grave-os e mostre a dança para as famílias no canal oficial da escola.

Workbook: A tarefa de casa sugerida para esta lição é a Atividade 3 na página 121. Lembre-se de demonstrar a atividade em aula antes de passá-la para casa.

Unit 7 **67**

LESSON 3

OBJETIVOS
- Falar sobre partes do corpo
- Usar pronomes demonstrativos nas formas singular e plural
- Praticar o uso de *right* e *left*

MATERIAIS
Audio pack, adesivos, folhas de papel (uma por aluno), lápis de cor

OPENING

Toque a canção (Faixa 50) da Lição 2 para iniciar a aula ou mostre o vídeo que você gravou na lição anterior caso o tenha feito. Faça-os cantar junto.

Corrija a tarefa de casa dos alunos antes de passar para as próximas atividades da lição.

WATCH!

1. Look, listen, and repeat the sentences.

Peça aos alunos que abram o *Student's Book* na página 68. Explore as imagens com eles, pedindo que as descrevam. Aponte para a criança mais nova em seu livro e diga: *This is Andy. He is only two years old. His brother and sister are teaching him the parts of the body. Let's listen!* Toque o áudio (Faixa 52) duas vezes para que os alunos ouçam e repitam o diálogo. Apresente a palavra *toes*.

Audio script (Faixa 52)
1. Look, listen, and repeat the sentences.
   Girl: This is my head.
   Boy: This is my tummy.
   Girl: These are my right and left hands.
   Boy: These are my toes.

LEARN!

2. Read and connect the parts of sentences.

Desenhe um pé e depois dois pés no quadro para revisar as formas singular e plural desse substantivo. Em seguida, chame a atenção dos

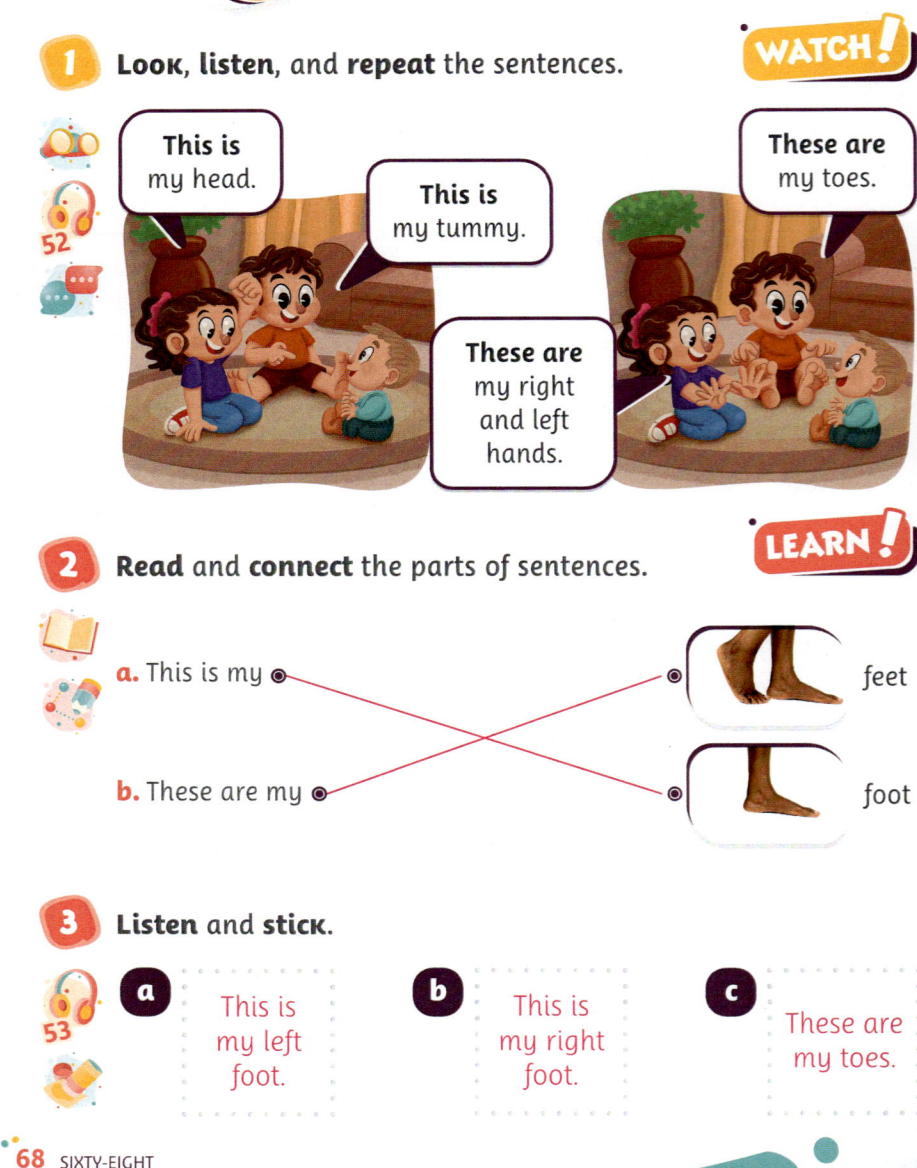

LESSON 3

1 Look, listen, and repeat the sentences. WATCH!

- This is my head.
- This is my tummy.
- These are my right and left hands.
- These are my toes.

2 Read and connect the parts of sentences. LEARN!

a. This is my — foot
b. These are my — feet

3 Listen and stick.

a	This is my left foot.
b	This is my right foot.
c	These are my toes.

68 SIXTY-EIGHT

alunos para a tarefa. Dê a eles um tempo para fazer a tarefa individualmente. Ao verificar as respostas, pergunte aos alunos a diferença entre *This is* e *These are*. Use o quadro para explicar os pronomes demonstrativos.

3. Listen and stick.

Chame a atenção dos alunos para a atividade e explique o que eles devem fazer. Mostre aos alunos os adesivos na página 153 e indique as partes do corpo e suas quantidades.

Peça que descolem os adesivos desta atividade com cuidado, e colem as pontas deles na borda de suas carteiras. Então diga: *Let's listen and stick the pictures!* Explique que eles devem prestar muita atenção em *This is* e *These are* nas frases, assim como em *right* e *left*.

Reproduza o áudio (Faixa 53) e pause após cada frase para dar aos alunos um tempo para colocar os adesivos no lugar correto. Caminhe pela sala de aula para conferir o trabalho dos alunos.

4 Look at the pictures. Read and complete the sentences.

a. This __is__ my __left__ foot.

b. __This__ is my tummy.

c. __These__ are my __right__ fingers.

d. __These__ __are__ my legs.

e. __This__ __is__ my body.

f. This __is__ my __left__ hand.

5 All about you! Draw your hand on a separate sheet. Then write.

Answers will vary.

This is my **left** hand.

SIXTY-NINE **69**

Audio script (Faixa 53)

3. Listen and stick.
a. This is my left foot.
b. This is my right foot.
c. These are my toes.

4. Look at the pictures. Read and complete the sentences.

Aponte para a primeira imagem e pergunte: *What do you see?* Ouça as respostas deles e pergunte: *How many feet do you see in the picture?* Ouça as respostas dos alunos novamente e peça que leiam a frase incompleta. Você pode dizer: *There is one. Is it the right or left foot?* Faça o mesmo com a segunda imagem, enfatizando a forma singular.

Dê aos alunos algum tempo para trabalhar com as outras frases. Em seguida, corrija as respostas no quadro, convidando diferentes alunos a dizer as frases. Treine a pronúncia de *this* /ðɪs/ e *these* /ðiːz/.

DO!

5. All about you! Draw your hand on a separate sheet. Then write.

Chame a atenção dos alunos para o exemplo da Atividade 5 e distribua as folhas de papel. Explique que eles desenharão uma de suas mãos. Mostre a eles como usar o lápis para traçar a mão, criando um contorno.

Determine um tempo para a tarefa. Caminhe pela sala de aula. Se você perceber que alguns alunos terminam mais rápido, você pode pedir para eles colorirem o desenho e dizerem quais cores estão usando.

Quando o tempo acabar, peça aos alunos que escrevam a frase usando a da atividade como modelo. Lembre-os de escrever *left* ou *right* de acordo com a mão que desenharam. Caminhe pela sala de aula para conferir o trabalho deles.

CLOSING

Organize os alunos em duplas. Peça a eles que compartilhem seus desenhos e frases da Atividade 5.

Workbook: A tarefa de casa sugerida para esta lição são as Atividades 4, 5 e 6 nas páginas 121 e 122. Lembre-se de demonstrar as atividades em aula antes de passá-las para casa.

VALUES AND PROJECT

OBJETIVOS
- Discutir o quão importante é cuidar de seu corpo
- Criar um pôster para incentivar as pessoas a lavarem as mãos

MATERIAIS
Realia: sabonete, escova e pasta de dente, pente e escova, entre outros, cartolinas (uma para cada quatro ou cinco alunos), canetinhas, lápis de cor, tesouras, cola, pedaços de papel em cores diferentes, fita adesiva

VALORES E HABILIDADES
Responsabilidade, autoestima, comunicação, trabalho em equipe, pensamento crítico

OPENING

Ensine os alunos a dizer as atividades apresentadas nesta lição. Finja que está escovando os dentes e diga: *brush my teeth*. Peça a eles que se levantem e repitam o movimento. Faça o mesmo com *take a shower*, *wash my hands*, *eat fruit* e *sleep*. Para isso, você pode usar os objetos que trouxe para a aula.

Corrija a tarefa de casa dos alunos antes de passar para as próximas atividades da lição.

VALUES

IT'S IMPORTANT TO TAKE CARE OF YOUR BODY.

Peça aos alunos que abram o *Student's Book* na página 70. Explore as imagens com eles, incentivando-os a nomear as partes do corpo que podem ver e identificar o que as pessoas estão fazendo. Em seguida, peça que observem e digam o que as ações nas imagens têm em comum. Pergunte: *Are the people taking care of their bodies?* e, depois de ouvir as ideias, pergunte: *Why is it important? Do you do that every day?*

Incentive-os a falar sobre como cuidam de seu corpo e ouça as ideias. Discuta as diferentes maneiras que podemos cuidar de nós mesmos.

Mostre aos alunos os objetos que você trouxe, por exemplo, a pasta de dente, e pergunte como eles usam esses itens para cuidar de seus corpos.

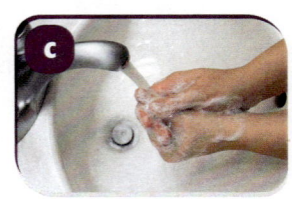

Draw what you use to take care of your body.

Chame a atenção dos alunos para a atividade e diga: *When we take care of our bodies, we use some products and objects, too*. Peça que eles digam alguns itens e desenhe-os no quadro. Os alunos podem mencionar *soap*, *toothbrush* e *toothpaste*, *comb* e *brush*, entre outros. Relembre as atividades que viram na abertura da lição. Introduza o vocabulário apresentado pelos alunos, escrevendo as novas palavras no quadro. Peça a eles que desenhem os itens que eles usam.

Quando eles terminarem, organize os alunos em duplas e peça que compartilhem seus desenhos.

PROJECT

A "wash your hands" poster

SEVENTY-ONE 71

Organize a turma em grupos de quatro ou cinco integrantes. Distribua as folhas de cartolina e os outros materiais. Explique aos alunos que eles farão o pôster juntos usando o material disponível e a criatividade.

Enquanto eles trabalham, caminhe pela sala de aula para perguntar aos grupos o que eles estão fazendo, elogiando-os ou dando sugestões.

CLOSING

Peça a cada grupo que venha para a frente da sala de aula para compartilhar seu trabalho. Dê exemplos da linguagem que você espera que eles usem, por exemplo: *Wash your hands. Wash your fingers. It's important to wash your hands.*

> **Workbook:** A tarefa de casa sugerida para esta lição é a atividade da seção *Grammar Corner* na página 123. Leia os exemplos com os alunos e demonstre a atividade em aula antes de passá-la para casa.

> **Family Guide:** Lembre os alunos de fazer a atividade do *Family Guide* na página 139 com um membro da família.

PROJECT

A "WASH YOUR HANDS" POSTER

Fique na frente da turma e faça gestos como se estivesse lavando as mãos. Pergunte: *What am I doing?* Ouça as ideias dos alunos e, se eles usarem L1, reformule o que tiverem dito falando: *I'm washing my hands.* Discuta quando precisamos lavar as mãos e por que é importante fazer isso. Diga: *Washing our hands is very important, and we have to do it many times a day. What do we need to wash our hands?* Ouça as ideias dos alunos e ensine as palavras *soap* e *water*. Escreva-as no quadro. Pergunte: *Do you know how to wash your hands correctly?* Explique a maneira correta de lavar as mãos, passo a passo, enquanto você faz os gestos e peça aos alunos que façam o mesmo.

Chame a atenção da turma para a ilustração da página e pergunte: *What are they doing?* Ouça as respostas dos alunos e diga: *They are making a "wash your hands" poster. Let's make one, too, and encourage people in our school to wash their hands more often.*

Unit 7

UNIT 8

HAPPY BIRTHDAY!

UNIT OPENER

OBJETIVOS
- Identificar o vocabulário relacionado a celebrações e festas
- Identificar maneiras de expressar gratidão

MATERIAIS
Audio pack, flashcards: balloons, birthday card, birthday song, cake, candles, gift, party

OPENING

Peça a diferentes alunos que lhe façam favores simples. Peça, por exemplo: *Can you bring me a book? Can you open the door, please?* Quando eles fizerem isso, diga: *Thank you!* Escreva essa expressão no quadro e pergunte aos alunos se eles a usam. Em seguida, pergunte: *What's the answer we give to "thank you"?* Ouça as ideias e escreva *You're welcome!* no quadro. Diga as expressões novamente e peça aos alunos que as repitam.

Corrija a tarefa de casa dos alunos antes de passar para as próximas atividades da lição.

Family Guide: Converse com os alunos sobre a atividade do *Family Guide*. Pergunte se eles a acharam fácil ou difícil e se gostaram de fazê-la com um membro da família. Em seguida, cheque as respostas. Peça aos alunos que digam algumas palavras ou expressões que usaram.

1. Listen and role-play.

Peça aos alunos que abram o *Student's Book* nas páginas 72 e 73. Chame a atenção para a cena. Aponte para o menino cujo aniversário está sendo comemorado e diga: *This is Alex. It's his birthday today.* Explore a cena com os alunos, pedindo que eles digam o que já conhecem de vocabulário, mas não se preocupe em apresentar o vocabulário.

Em seguida, explique que Alex está conversando com Julia, uma amiga da escola. Pergunte: *Look, what are they talking about?* Ouça as ideias dos alunos. Então diga: *Let's listen to Alex and Julia!*

Reproduza o áudio (Faixa 54) enquanto aponta para os balões de fala em seu livro. Incentive os alunos a apontar para o Alex, Julia e o presente enquanto ouvem o áudio. Reproduza o áudio novamente e peça aos alunos que repitam as falas. Em seguida, divida a turma em dois grupos – um para fazer o papel de Alex e o outro para ser Julia – e peça que encenem o diálogo.

Audio script (Faixa 54)

1. Listen and role-play.
Julia: Happy birthday! This gift is for you!
Alex: Thank you!
Julia: You're welcome!

Dica: As imagens *birthday song* e *party* não podem ser circuladas, porque não são objetos específicos. No entanto, os alunos podem querer circular a imagem toda, uma vez que ela representa uma festa. Quando esses itens forem mencionados no áudio, permita que os alunos compartilhem suas opiniões e pergunte por que eles não podem ser circulados. Dessa forma, eles usam o raciocínio lógico para entender que algumas coisas são abstratas, mas também existem.

CLOSING

Peça aos alunos que se sentem em círculo. Jogue *Flash that card* com eles. Fique na frente da classe para que todos os alunos possam vê-lo. Coloque secretamente um dos *flashcards* dentro do seu livro. Em seguida, abra e feche o livro na página onde está o *flashcard* para que os alunos possam vê-lo rapidamente. Incentive-os a adivinhar a imagem.

Você também pode organizar os alunos em seis grupos para jogar. Distribua os *flashcards* (um por grupo) e escolha um aluno de cada grupo para ser o responsável por mostrar o *flashcard*. Se o tempo permitir, deixe que os grupos troquem de *flashcard*.

2. Listen, find, and circle. Then repeat.

Use os *flashcards* para apresentar as novas palavras e pergunte aos alunos a que eles relacionam as imagens (uma festa de aniversário). Em seguida, diga: *Now let's find these pictures in the scene in your books.* Reproduza o áudio (Faixa 55) e pause após a primeira palavra. Incentive os alunos a encontrar a imagem correspondente e circulá-la. Repita o procedimento com todas as palavras. Os alunos devem circular os balões, o bolo e as velas nele, o presente nas mãos da menina e o cartão com o presente. Finalmente, reproduza o áudio novamente para repetição.

Audio script (Faixa 55)

2. Listen, find, and circle. Then repeat.
Balloons – birthday card – birthday song – cake – candles – gift – party

Unit 8 **73**

LESSON 1

OBJETIVOS
- Rever números
- Perguntar e responder sobre sua idade
- Nomear itens de aniversário

MATERIAIS
Audio pack, uma canção animada em inglês

OPENING

Revise os números de 1 a 20 com os alunos. Peça a eles que comecem a contar, fazendo com que um aluno de cada vez diga um número, seguindo as fileiras ou disposição da sala de aula.

WATCH!

1. Listen, read, and role-play the conversation.

Peça aos alunos que abram o *Student's Book* na página 74. Pergunte a eles o que veem. Diga: *This is Sam, it's his birthday today. Let's listen to his friend Lucas talking to him.* Toque o áudio (Faixa 56) e pergunte: *What does Lucas want to know?* Ouça as ideias dos alunos e explique que Lucas quer saber a idade de Sam. Chame a atenção da turma para a pergunta e a resposta. Reproduza o áudio novamente e peça que repitam o diálogo. Divida a turma em duplas e atribua um personagem para cada. Peça que encenem o diálogo uma vez e, em seguida, que troquem de papéis.

Audio script (Faixa 56)

1. Listen, read, and role-play the conversation.
   Lucas: How old are you?
   Sam: I'm seven years old.

LEARN!

2. Listen to the conversations and complete the sentences.

Chame a atenção dos alunos para as frases incompletas nos balões de fala. Diga: *What question are they answering?* Estimule-os a responder com a pergunta: *How old are you?*

LESSON 1

1 Listen, read, and role-play the conversation. **WATCH!**

How old are you?

I'm seven years old.

2 Listen to the conversations and complete the sentences. **LEARN!**

a. I'm __five__ years old.
b. I'm __ten__ years old.
c. I'm __nine__ years old.
d. I'm __twenty__ years old.
e. I'm __sixteen__ years old.

SEVENTY-FOUR

Além disso, peça que digam as informações que faltam (a idade). Então diga: *Let's listen to these people talking about how old they are.* Toque o áudio (Faixa 57), pausando após a primeira frase para fazer este item com toda a turma. Em seguida, reproduza o restante das frases e peça aos alunos que as completem com os números corretos por extenso. Se necessário, reproduza o áudio novamente. Peça aos alunos que comparem suas respostas em duplas. Finalmente, corrija a atividade no quadro com a ajuda dos alunos.

Audio script (Faixa 57)

2. Listen to the conversations and complete the sentences.
   a. **A:** How old are you, Tom?
      B: I'm five years old.
   b. **A:** How old are you, Jamie?
      B: I'm ten years old.
   c. **A:** How old are you, Nina?
      B: I'm nine years old.
   d. **A:** How old are you, Marianne?
      B: I'm twenty years old.

3. Look at the pictures. Read and complete the text.

On my birthday, I like to have a big party, with my friends and family.

I get many __gifts__ and __birthday cards__, __balloons__, and a delicious __cake__.

Oh, and we sing a __birthday song__!

4. All about you! Read, complete, and draw your birthday party. Then role-play. Answers will vary.

How old are you?

I'm _____ years old.

SEVENTY-FIVE 75

---

e. A: How old are you, Ethan?
B: I'm sixteen years old.

3. Look at the pictures. Read and complete the text.

Chame a atenção dos alunos para a imagem e peça que descrevam o que estão vendo. Aponte para a menina e diga: *This is Alice. Let's read what she says about her birthday.* Explique que eles devem completar o texto com as palavras correspondentes às imagens. Dê aos alunos um tempo para que façam a tarefa e depois comparem suas respostas com as de um colega. Em seguida, corrija a atividade com toda a turma, fazendo com que diferentes alunos escrevam as palavras corretas no quadro.

4. All about you! Read, complete, and draw your birthday party. Then role-play.

Chame a atenção para os balões de fala e peça aos alunos que os leiam. Em seguida, diga as falas em voz alta para que eles as repitam. Determine um tempo para a tarefa de desenho e caminhe pela sala de aula para monitorar o trabalho da turma.

Diga: *Let's ask our classmates about their age!* Demonstre a atividade, interagindo com dois ou três alunos. Organize-os em duplas para fazer a atividade.

CLOSING

Explique aos alunos que eles devem se levantar e andar pela sala de aula com seus livros enquanto a música toca. Quando a música parar, eles devem parar na frente do colega mais próximo e mostrar seus desenhos da Atividade 4, dizendo, por exemplo: *This is my cake, my balloons* etc.

Workbook: A tarefa de casa sugerida para esta lição são as Atividades 1, 2 e 3 na página 124. Lembre-se de demonstrar as atividades em aula antes de passá-las para casa.

Unit 8 **75**

LESSON 2

OBJETIVOS
- Falar sobre itens de aniversário
- Perguntar e responder sobre o que alguém quer como presente

MATERIAIS
Audio pack

OPENING

Jogue *Mouth that word* com os alunos para revisar os itens de festa de aniversário. Gesticule com a boca uma das palavras que os alunos aprenderam, porém sem som, e incentive-os a prestar muita atenção em seus lábios para adivinhar a palavra que você está simulando dizer. Se o tempo permitir, você pode pedir aos alunos que joguem em duplas.

Corrija a tarefa de casa dos alunos antes de passar para as próximas atividades da lição.

WATCH!

1. Listen and number the pictures. Then sing.

Peça aos alunos que abram o *Student's Book* na página 76. Aponte para cada imagem e peça que digam as palavras. Então diga: *Let's listen to a song about birthdays.*

Explique a primeira tarefa. Os alunos devem numerar as imagens de acordo com a ordem da canção. Reproduza o áudio (Faixa 58) uma vez para os alunos ouvirem e numerarem as imagens. Verifique as respostas com toda a classe. Em seguida, toque a canção novamente, incentivando os alunos a cantar junto. Se a data de aniversário de algum aluno estiver próxima, você pode pedir a eles que substituam o nome *Toby* pelo nome do colega.

2. Look, listen, and repeat the conversation.

Chame a atenção dos alunos para a cena. Aponte para a menina e diga: *This is Mandy.* Em seguida, aponte para as crianças e diga: *These are her friends and cousins.* Peça aos alunos que descrevam a

---

LESSON 2

1 Listen and number the pictures. Then sing. WATCH!

1
Someone's birthday is today, today, today.
Someone's birthday is today, and his name is Toby.

2
Let's make a birthday cake, birthday cake, birthday cake.
Let's make a birthday cake, just for Toby.

3
Add a candle for each year, for each year, for each year.
Add a candle for each year, just for Toby.

4
Make a special birthday card, birthday card, birthday card.
Make a special birthday card, just for Toby.

3 candle   4 birthday card   1 birthday   2 birthday cake

2 Look, listen, and repeat the conversation.

What do you want for your birthday?

I want a video game!

76 SEVENTY-SIX

cena e adivinhem sobre o que as crianças estão falando. Em seguida, reproduza o áudio (Faixa 59) e peça que verifiquem seus palpites. Toque o áudio novamente para que os alunos repitam as falas. Certifique-se de que eles entenderam que a amiga de Mandy está perguntando sobre o presente que ela quer para seu aniversário.

Audio script (Faixa 59)
2. Look, listen, and repeat the conversation.
Mandy's friend: What do you want for your birthday?
Mandy: I want a video game!

LEARN!

3. Look at the pictures. Read and complete.

Aponte para cada imagem e pergunte: *What's this?* Em seguida, diga: *These are the gifts different children want for their birthday. Let's complete the conversations!*

3. Look at the pictures. Read and complete.

LEARN!

ball | birthday | teddy bear | train | want | What

a
A: What do you want for your _____birthday_____?
B: I want a _____ball_____.

b
A: _____What_____ do you want for your birthday?
B: I want a _____teddy bear_____.

c
A: What do you _____want_____ for your birthday?
B: I want a _____train_____.

4. Talk to your classmates and write their answers.

Answers will vary.

What do you want for your birthday?	
Classmates	Gifts
a. _____	_____
b. _____	_____
c. _____	_____

SEVENTY-SEVEN 77

Faça a letra *A* com toda a turma, explicando que os alunos devem utilizar as palavras nos *boxes* para completar as frases. Em seguida, dê a eles um tempo para fazer a atividade individualmente. Caminhe pela sala de aula para monitorar o trabalho dos alunos e oferecer ajuda.

Peça aos alunos que comparem suas respostas com as de um colega. Corrija as respostas no quadro.

Dica: Dependendo do nível da turma, você pode fazer a atividade com todos os alunos. Escreva no quadro todas as palavras usadas para preencher os espaços em branco e risque-as à medida que forem usadas para completar as frases.

Conexão CLIL: Você pode aproveitar esta oportunidade e explorar artes com uma atividade sobre embrulhar um presente e decorá-lo disponível no Portal.

DO!

4. Talk to your classmates and write their answers.

Organize a turma em trios. Demonstre a atividade com dois alunos. Em seguida, peça aos alunos que se revezem fazendo a pergunta e respondendo para completar a tabela. Certifique-se de que eles usem o inglês para fazer a pergunta e que escrevam os nomes e presentes dos colegas da turma na tabela. Monitore a atividade. Depois, convide alguns grupos para dizer à turma o que desejam ganhar no aniversário.

CLOSING

Peça aos alunos que façam uma lista de presentes no quadro e veja se algum presente se repete. Você pode pedir a alguns alunos que marquem com *tallies* as palavras usadas. Peça a eles que contem quantas crianças querem cada um dos presentes listados no quadro.

Workbook: A tarefa de casa sugerida para esta lição são as Atividades 4 e 5 na página 125. Lembre-se de demonstrar as atividades em aula antes de passá-las para casa.

Unit 8

LESSON 3

OBJETIVOS
- Apresentar e praticar o vocabulário sobre alimentos e bebidas
- Identificar e usar expressões para oferecer e aceitar alimentos, bebidas e outros itens

MATERIAIS
Audio pack, adesivos, lápis de cor

OPENING

Toque a canção (Faixa 58) da Lição 2 para iniciar a aula. Incentive os alunos a cantar junto. Em seguida, organize-os em quatro ou cinco grupos, toque a canção mais uma vez e peça que a cantem usando os nomes dos membros do grupo.

Corrija a tarefa de casa dos alunos antes de passar para as próximas atividades da lição.

WATCH!

1. Look, listen, and repeat. Then point.

Peça aos alunos que abram o *Student's Book* na página 78. Aponte para as imagens e pergunte quais palavras eles já sabem. Em seguida, explique que eles vão ouvir e repetir as palavras. Reproduza o áudio (Faixa 60) para que os alunos o ouçam e repitam.

Em seguida, organize-os em duplas e diga as palavras em ordem aleatória para que eles apontem para as imagens.

Audio script (Faixa 60)

1. Look, listen, and repeat. Then point.
   French fries – popcorn – sandwiches – juice – soda – water

2. Read the conversation. Then role-play.

Chame a atenção dos alunos para a Atividade 2. Pergunte: *What celebration is this? How many people can you see? What foods and drinks can you see on the table?* Então leia o diálogo com os alunos. Reúna-os nas mesmas duplas da atividade anterior e peça que encenem o diálogo. Primeiro faça uma demonstração encenando o diálogo com um aluno. Monitore os alunos reproduzindo o diálogo e ajude-os com a pronúncia.

LEARN!

3. Read and stick.

Chame a atenção dos alunos para a atividade, aponte para o ícone de adesivo e peça que digam o que eles devem fazer. Mostre os adesivos na página 153. Peça a eles que descolem os adesivos desta atividade com cuidado, e colem as pontas deles na borda de suas carteiras. Então diga: *Let's read and stick!* Peça a eles que leiam cada palavra e coloquem o adesivo correspondente na moldura. Quando eles terminarem, corrija a atividade pedindo que mostrem seus livros aos colegas e a você.

4. Read and connect the questions and answers.

Chame a atenção para a primeira questão e leia-a com a turma. Em seguida, diga: *What are the correct answers for this question?* Explique a atividade para os

---

LESSON 3

1. Look, listen, and repeat. Then point. WATCH!

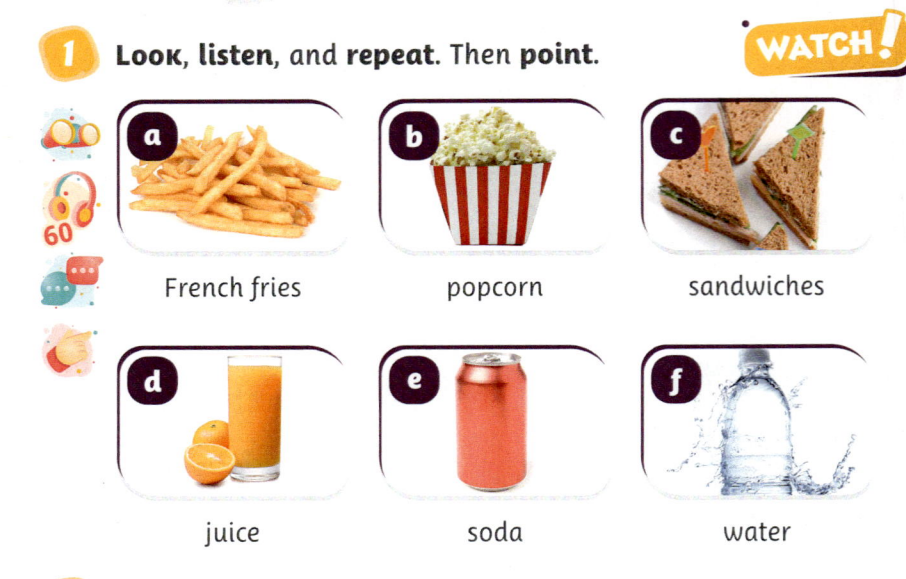

a. French fries
b. popcorn
c. sandwiches
d. juice
e. soda
f. water

2. Read the conversation. Then role-play.

— What do you want to eat?
— I want **a sandwich**, please.

— What do you want to drink?
— I want **juice**, please.

78 SEVENTY-EIGHT

3 **Read** and **stick**.

a. sandwiches
b. juice
c. soda

sandwiches   juice   soda

LEARN!

4 **Read** and **connect** the questions and answers.

a. What do you want to eat?
b. What do you want to drink?

- I want popcorn.
- I want water.
- I want soda.
- I want French fries.

5 **All about you! Read**, **complete**, and **draw**. Then **say**. Answers will vary.

DO!

It's your birthday! Happy birthday!

What do you want to eat?	What do you want to drink?
I want _____, please.	I want _____, please.

SEVENTY-NINE **79**

CLOSING

Peça a alguns alunos que relatem o que seus colegas querem comer/beber. Escreva o modelo no quadro. Eles podem dizer: *(Liam) wants (a sandwich)*.

Workbook: A tarefa de casa sugerida para esta lição são as Atividades 6 e 7 na página 126. Lembre-se de demonstrar as atividades em aula antes de passá-las para casa.

---

alunos, ressaltando que eles encontrarão mais de uma resposta para cada pergunta. Dê um tempo para quem terminem a atividade e corrija-a no quadro, com a ajuda de toda a turma.

DO!

5. All about you! Read, complete, and draw. Then say.
   Chame a atenção dos alunos para as perguntas e respostas nas molduras. Peça que as leiam ou ajude-os a ler. Diga: *Imagine it's your birthday! Let's complete the sentences with foods and drinks you want*. Incentive-os a usar os alimentos e bebidas desta lição. Quando eles terminarem, diga: *Now, let's draw the items*. Dê a eles um tempo para terminar a atividade. Se houver tempo, peça aos alunos que pintem seus desenhos também.
   Organize os alunos em duplas. Peça a eles que se revezem fazendo as perguntas e respondendo. Caminhe pela sala de aula para monitorar o trabalho deles.

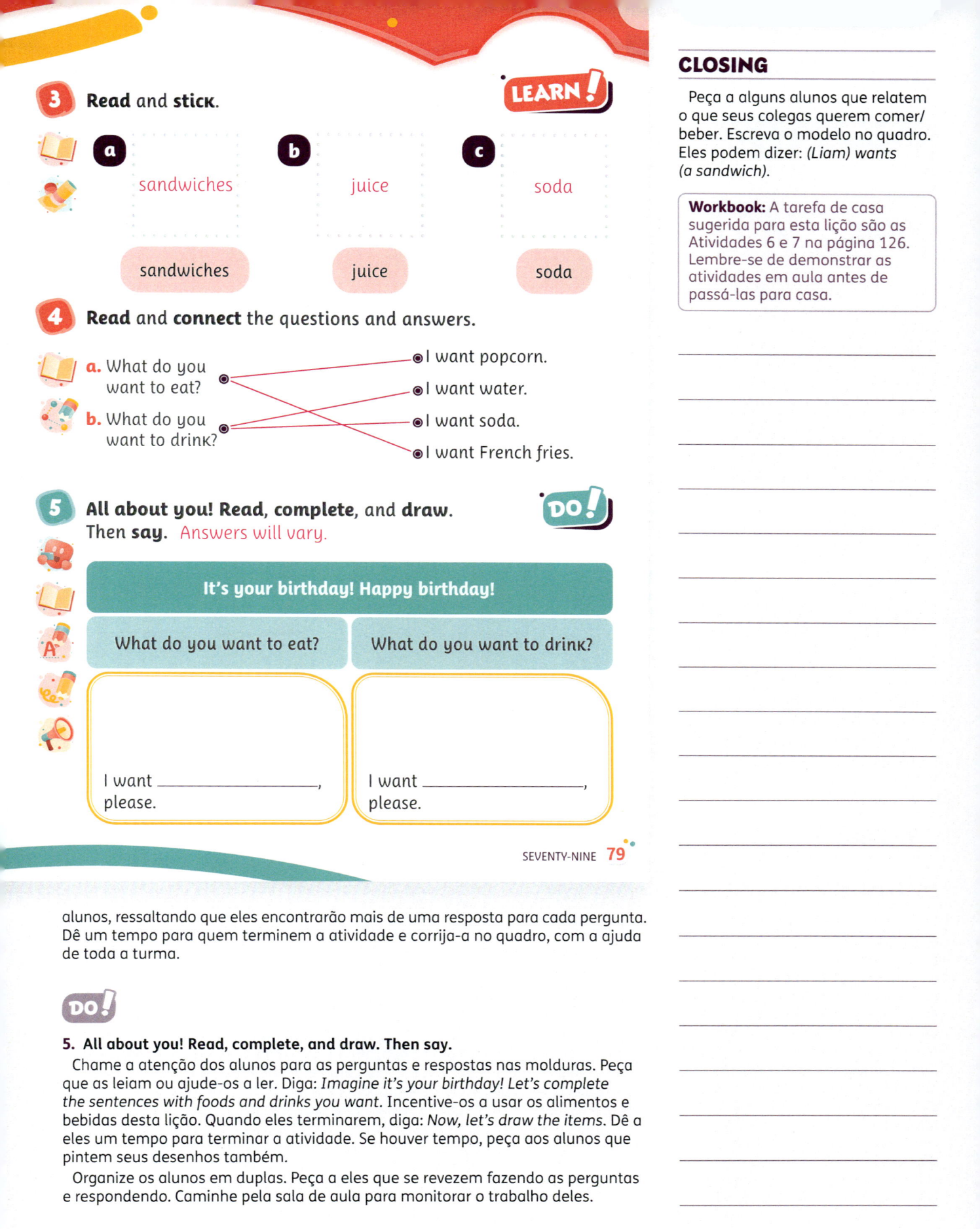

Unit 8   **79**

VALUES AND PROJECT

OBJETIVOS
- Falar sobre celebrações importantes
- Criar um cartão de aniversário *pop-up*

MATERIAIS
Folhas de cartolina (uma por aluno), forminhas brancas de *cupcake*, canetinhas e lápis de cor, cola, tubos e uma pistola de cola quente, velas (uma por aluno), um cartão de aniversário finalizado (você pode fazer um seguindo as etapas do livro)

VALORES E HABILIDADES
Empatia, amizade, gentileza, partilha, criatividade

OPENING

Converse com os alunos sobre o que eles comemoram com a família ou amigos. Eles podem falar sobre festas comuns em sua cidade ou país, sobre aniversários ou feriados. Pergunte a eles como essa celebração acontece, por exemplo: *Do you have lunch or dinner together? Do you visit a specific place together? What do you do?*

Corrija a tarefa de casa dos alunos antes de passar para as próximas atividades da lição.

VALUES

CELEBRATE GOOD MOMENTS!

Peça aos alunos que abram o *Student's Book* na página 80. Explore as imagens com eles, incentivando-os a nomear os itens que reconhecem. Em seguida, peça que observem e nomeiem as diferentes celebrações que veem nas imagens. Se eles usarem L1, reformule o que disserem em inglês e peça que repitam. Escreva as palavras no quadro. Os alunos também podem falar sobre outras celebrações, como formatura, Dia das Crianças, festivais em sua cidade etc. Pergunte: *Why is it important to celebrate good moments?* Ouça as ideias dos alunos e diga que é sempre bom se sentir feliz com as pessoas que amamos. Acrescente que, quando fazemos refeições com as pessoas de quem gostamos, compartilhamos não apenas a comida, mas também o amor.

Write a list of celebrations you like. Then talk to a classmate about them.

Chame a atenção dos alunos para a lista e peça que pensem no máximo de celebrações que puderem. Talvez eles não consigam finalizar a lista e isso não é um problema. Depois de algum tempo, oriente os alunos a se reunir em pequenos grupos e pedir ajuda uns aos outros para completar o resto da lista com algumas celebrações que esqueceram. Eles também podem trocar uma ou duas celebrações que escreveram por outras propostas de seus colegas. Em seguida, peça que falem brevemente uns aos outros sobre uma das celebrações. Lembre-os de serem gentis uns com os outros e respeitarem a vez do colega falar. Monitore as discussões. Peça aos alunos que falem em inglês sempre que possível.

PROJECT

A pop-up birthday card

Depois que as forminhas estiverem coloridas, peça aos alunos que juntem as partes internas com a parte colorida do lado de fora e cole-as no molde. Em seguida, diga: *Now complete and color the cupcake!* enquanto você aponta para o seu cartão.

Conforme os alunos trabalham, caminhe pela sala de aula perguntando sobre as cores que estão usando, os "sabores" de seus *cupcakes* e para quem estão fazendo os cartões. Incentive-os a responder às suas perguntas em inglês.

Quando eles terminarem de desenhar e colorir os *cupcakes*, pergunte: *What's missing? (the candle).* Distribua as velas e use a cola quente para colá-las nos cartões. Deixe os cartões secarem por alguns minutos. Você também pode pedir aos alunos que desenhem uma vela e usem um pedaço de papel celofane vermelho para fazer a chama. Em seguida, peça a eles que escrevam *Happy birthday!* em seus cartões.

CLOSING

Divida os alunos em pequenos grupos e peça que mostrem seus cartões de aniversário uns aos outros. Eles podem falar sobre os itens, as formas e as cores. Primeiro, dê um exemplo: *This is my birthday card. Look! It's a gift. It's yellow.*

> **Workbook:** A tarefa de casa sugerida para esta lição é a atividade da seção *Grammar Corner* na página 127. Leia os exemplos com os alunos e demonstre a atividade em aula antes de passá-la para casa.

> **Family Guide:** Lembre os alunos de fazer a atividade de *Family Guide* na página 140 com um membro da família.

PROJECT

A POP-UP BIRTHDAY CARD

Chame a atenção dos alunos para a imagem e incentive-os a descrever o que estão vendo. Ouça as ideias deles e diga: *Let's make a birthday card together!* Mostre seu cartão a eles para que tenham uma ideia de como será. Além disso, peça aos alunos que pensem em uma pessoa da família ou em um amigo a quem gostariam de dar o cartão.

Primeiro, distribua as forminhas de *cupcake* e as folhas de cartolina. Mostre aos alunos como dobrar a folha para criar o modelo para o cartão. Então diga: *Let's start decorating the front of the card with a cupcake!*

Mostre aos alunos como abrir e dobrar a forminha de *cupcake*. Deixe-os colorirem como quiserem, usando lápis de cor.

REVIEW 1 AND 2

OBJETIVOS
- Revisar e praticar o conteúdo das Unidades 1 e 2

MATERIAIS
Vídeo R1-2, cartões com números de 11 a 20, lápis de cor

OPENING

Comece a aula revisando o vocabulário das Unidades 1 e 2, jogando *Flashcard race* com a turma. Disponha os cartões com números pela sala e organize os alunos em seis grupos. Dê a cada grupo um número de 1 a 6. Explique que você atribuirá uma palavra a cada grupo e que os alunos devem caminhar em direção ao cartão correspondente quando ouvirem seu grupo ser chamado. Diga: *Number (one) students, walk to (number 11)!* e espere que os alunos do grupo caminhem em direção ao cartão. Repita o procedimento com os outros grupos e cartões.

1. Watch and talk to a classmate.

Peça aos alunos que abram o *Student's Book* na página 82. Diga: *This is a review lesson. Let's review and practice what we learned in Units 1 and 2*. Pergunte aos alunos o que eles lembram das Unidades 1 e 2. Escreva no quadro as palavras e expressões que eles mencionarem. Explique que eles vão assistir a um vídeo. Reproduza o vídeo da Revisão 1 e 2. Depois peça a eles que conversem sobre o vídeo em duplas. Convide alguns dos alunos a contar à turma o que viram no vídeo.

2. Read and match the columns.

Chame a atenção dos alunos para as frases e revise as saudações, usando linguagem corporal. Em seguida, explique a tarefa, faça a letra *A* com a turma como exemplo e dê aos alunos um tempo para que liguem as outras frases. Caminhe pela sala de aula para monitorar o trabalho deles. Corrija as respostas no quadro.

3. Look at the pictures and complete the sentences.

Chame atenção para as imagens e explore-as com os alunos, pedindo a eles que identifiquem as pessoas e o animal. Pergunte: *Is it a boy, girl, or animal?*

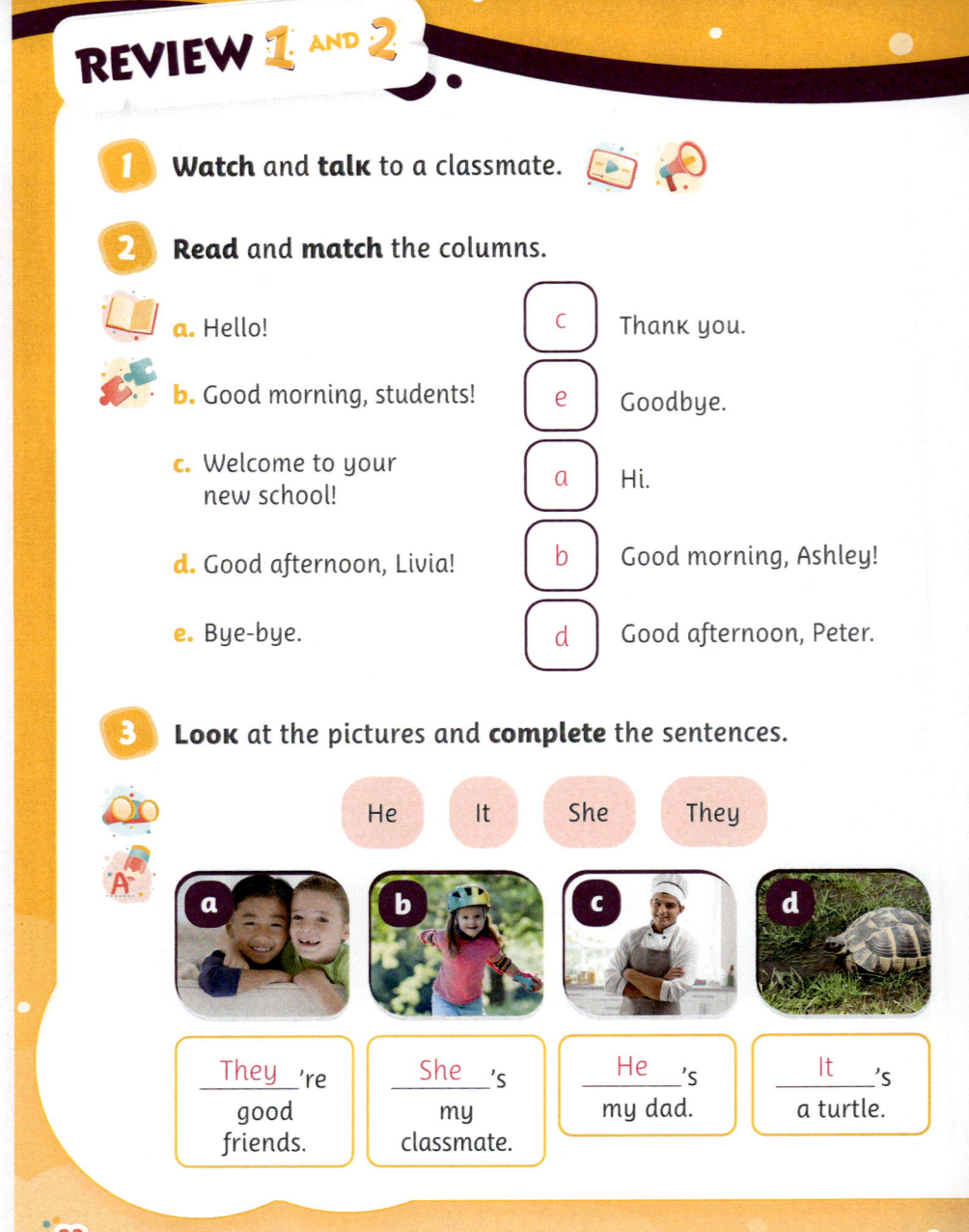

Explique a tarefa. Os alunos devem observar as imagens e completar as frases com os pronomes que estão nos *boxes*. Faça a primeira frase com a turma como exemplo e dê aos alunos um tempo para quem trabalhem com as outras frases. Confira as respostas pedindo a eles que leiam as frases.

4. Read and complete with *plus* or *minus*.

Chame atenção para a imagem e diga: *Look, this girl is doing her math homework! Let's help her!* Em seguida, peça aos alunos que te ajudem a escrever o primeiro cálculo no quadro, usando números (16 ? 3 = 13). Em seguida, desenhe os símbolos matemáticos (+ e –) no quadro e pergunte: *Which math symbol should we use to complete the equation? Plus or minus?* Ajude os alunos a perceber que precisam usar o sinal de menos para completá-la.

Dê aos alunos um tempo para que resolvam as outras equações. Caminhe pela sala de aula para ajudá-los e conferir seus trabalhos.

Dica: Se você achar que seus alunos estão tendo dificuldades com a atividade, você pode trabalhar as outras equações com a turma toda.

REVIEW 1 AND 2

1 Watch and talk to a classmate.

2 Read and match the columns.

a. Hello! — **c** Thank you.
b. Good morning, students! — **e** Goodbye.
c. Welcome to your new school! — **a** Hi.
d. Good afternoon, Livia! — **b** Good morning, Ashley!
e. Bye-bye. — **d** Good afternoon, Peter.

3 Look at the pictures and complete the sentences.

He | It | She | They

a. **They** 're good friends.
b. **She** 's my classmate.
c. **He** 's my dad.
d. **It** 's a turtle.

82 EIGHTY-TWO

4 **Read** and **complete** with *plus* or *minus*.

a. Sixteen ___minus___ three equals thirteen.
b. Fourteen ___plus___ six equals twenty.
c. Eighteen ___minus___ three equals fifteen.
d. Eleven ___plus___ seven equals eighteen.
e. Twelve ___plus___ five equals seventeen.

5 **Read**, **write** the result, and **color** by number.

a. 9 + 2 = pink ___11___
b. 19 − 2 = white ___17___
c. 15 − 3 = orange ___12___
d. 8 + 8 = black ___16___
e. 7 + 6 = green ___13___
f. 20 − 6 = blue ___14___
g. 6 + 9 = red ___15___

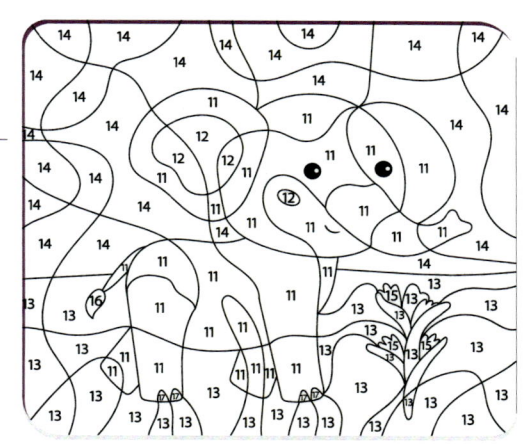

EIGHTY-THREE **83**

---

5. Read, write the result, and color by number.

Chame a atenção dos alunos para a ilustração e diga: *Look, there is an animal here! Which animal is it? Is it a dog? A cat?* Se eles usarem L1, repita depois deles em inglês: *It's an elephant!* Se eles não perceberem que animal é, explique que eles descobrirão depois de colorir o desenho. Ajude os alunos a perceber que precisam fazer os cálculos matemáticos e, em seguida, colorir o desenho de acordo com o resultado.

Chame a atenção para a primeira equação. Leia em voz alta com a turma e resolva-a no quadro. Então diga: *It's eleven! What color is 11?*

Estabeleça um limite de tempo para os alunos trabalharem individualmente. Caminhe pela sala de aula para ajudá-los e conferir os trabalhos. Corrija a atividade com a turma e permita que pintem a ilustração depois.

CLOSING

Se possível, peça aos alunos que se sentem em círculo. Pegue um lápis e explique que você vai passá-lo pelo círculo. Quando você disser *stop*, o aluno segurando o lápis deverá falar sobre seu tópico ou atividade favorita das Unidades 1 e 2. Peça que pelo menos 10 alunos falem sua atividade favorita e pergunte aos outros se também gostaram da atividade/tópico.

Review 1 and 2 **83**

REVIEW 3 AND 4

OBJETIVOS
- Revisar e praticar o conteúdo das Unidades 3 e 4

MATERIAIS
Vídeo R3-4, *audio pack*, lápis de cor

OPENING

Comece a aula revisando o alfabeto com a turma. Primeiro, peça aos alunos que digam as letras e escreva-as no quadro. Então peça que os alunos repitam as letras em coro, ajudando-os caso eles não pronunciem alguma delas adequadamente.

Em seguida, peça a eles que formem um círculo. Diga a primeira letra do alfabeto (*A*). Em seguida, incentive o aluno à sua esquerda a dizer a segunda (*B*), o aluno ao lado dele a dizer a terceira (*C*) e assim por diante. Se um aluno errar ou esquecer uma letra, ele deve dizer uma palavra com a última letra que seu colega disse e, em seguida, o jogo recomeça a partir da letra *A*. Continue jogando até chegar à letra *Z*.

1. Watch and talk to a classmate.

Peça aos alunos que abram o *Student's Book* na página 84. Diga: *This is a review lesson. Let's review and practice what we learned in Units 3 and 4.* Pergunte aos alunos o que eles lembram das Unidades 3 e 4. Escreva no quadro as palavras e expressões que eles mencionarem. Explique que eles vão assistir a um vídeo. Reproduza o vídeo da Revisão 3 e 4. Em seguida, peça aos alunos que conversem com um colega sobre o que viram no vídeo. Depois, convide alguns alunos voluntários para contar à turma o que aprenderam com o vídeo.

2. Look at the pictures and write the words.

Chame a atenção dos alunos para as imagens com as frutas e peça que digam o que são. Em seguida, explique a tarefa. Os alunos olham as imagens e escrevem as palavras correspondentes às frutas. Permita que eles revejam as Unidades anteriores se não se lembrarem de como soletrar as palavras. Como exemplo, escreva a primeira palavra com a turma.

REVIEW 3 AND 4

1 **Watch** and **talk** to a classmate.

2 **Look** at the pictures and **write** the words.

- **a.** pineapple
- **b.** orange
- **c.** watermelon
- **d.** papaya
- **e.** grapes
- **f.** banana

3 **Read** the clues and **write** the name of the fruit using the letters in the box.

> A – R – S – T – P – R – O – T – E – G – R – Y – N – F – U – I –
> P – E – L – R – A – W – B – E – R – A

- **a.** It's red and small. s**trawberry**
- **b.** It's the name of a color, too. **orange**
- **c.** It's red or green. **apple**

The other letters form the word **fruit**.

84 EIGHTY-FOUR

Determine um tempo para que eles trabalhem com as outras palavras enquanto você caminha pela sala de aula para monitorar o trabalho deles. Corrija as respostas no quadro.

3. Read the clues and write the name of the fruit using the letters in the box.

Permita que os alunos trabalhem em duplas, se quiserem. Explique a tarefa. Os alunos leem as pistas e identificam as frutas. Em seguida, eles usam as letras do *box* para formar o nome da fruta. Peça a eles que risquem cada letra que usarem para escrever o nome da fruta. Monitore a atividade e ajude os alunos, certificando-se de corrigir erros de ortografia. Quando terminarem, explique que as letras restantes formarão outra palavra. Confira as respostas com toda a turma, convidando os alunos a escrever as palavras no quadro.

> **Dica:** Se você achar que esta atividade é muito desafiadora para os alunos, dê a eles a primeira letra das três frutas e permita que consultem as palavras nas páginas 22 e 23.

4 **Listen** and **circle** the letters you hear.

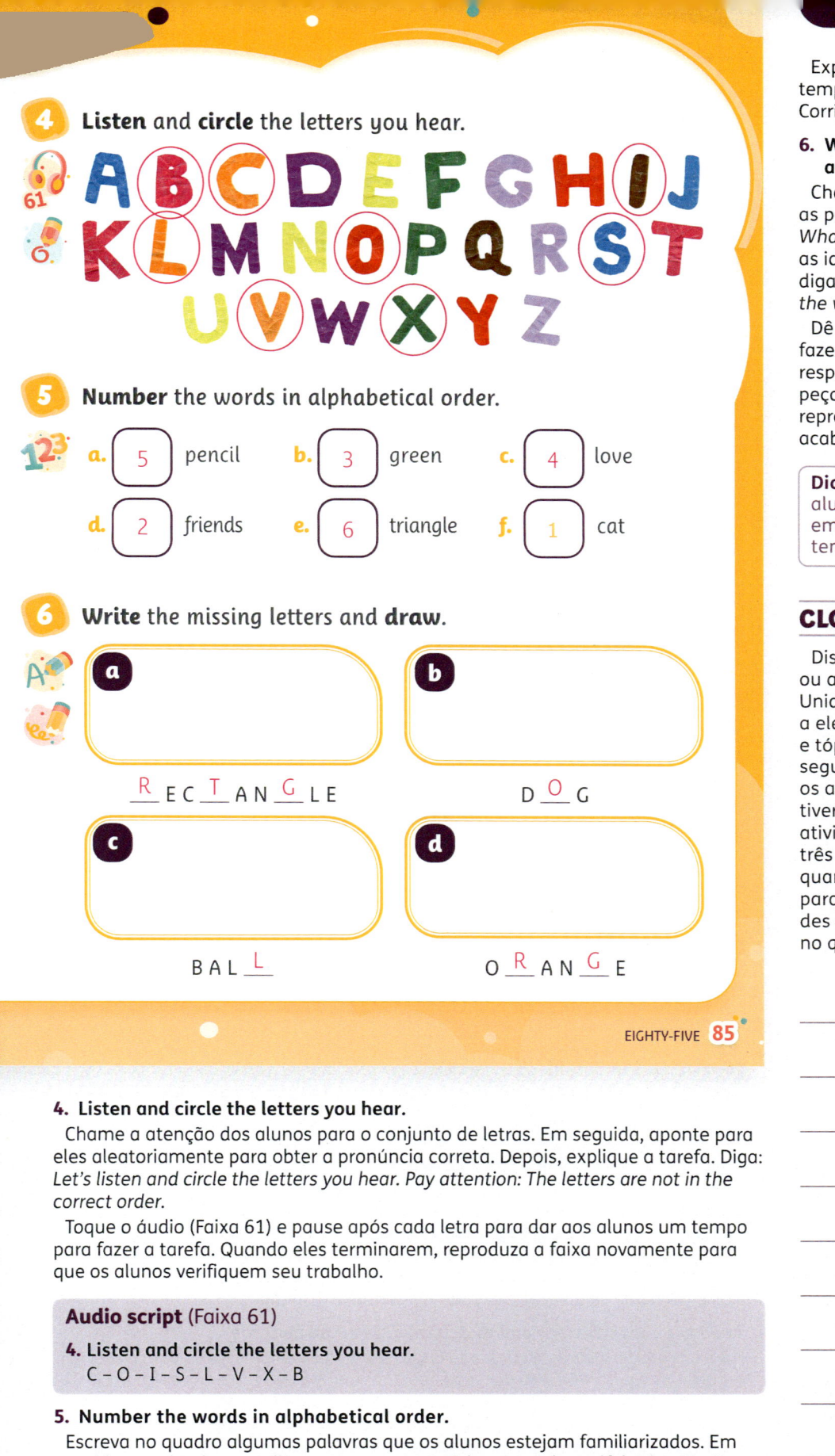

(A) (B) (C) D E F G (H) (I) J
K (L) M N (O) P Q R (S) T
U (V) W (X) Y Z

5 **Number** the words in alphabetical order.

a. [5] pencil b. [3] green c. [4] love
d. [2] friends e. [6] triangle f. [1] cat

6 **Write** the missing letters and **draw**.

a. _R_ E C _T_ A N _G_ L E

b. D _O_ G

c. B A L _L_

d. O _R_ A N _G_ E

EIGHTY-FIVE **85**

Explique a tarefa e dê a eles um tempo para fazê-la individualmente. Corrija as respostas no quadro.

6. Write the missing letters and draw.

Chame a atenção dos alunos para as palavras incompletas. Pergunte: *What letters are missing?* Ouça as ideias dos alunos. Em seguida, diga: *Now it's your turn to complete the words.*

Dê aos alunos um tempo para fazer a tarefa. Depois, corrija as respostas no quadro. Em seguida, peça a eles que façam desenhos representando as palavras que acabaram de completar.

Dica: Você pode pedir aos alunos que façam os desenhos em casa caso precise otimizar o tempo da aula.

CLOSING

Discuta com a turma o tópico ou atividade favorita deles das Unidades 3 e 4. Comece pedindo a eles que falem as atividades e tópicos que estudaram. Em seguida, promova uma votação: os alunos levantam a mão quando tiverem gostado muito de uma atividade ou tópico. Peça a dois ou três alunos voluntários que contem quantos alunos levantaram a mão para cada um dos tópicos/atividades e peça que escrevam o número no quadro.

---

4. Listen and circle the letters you hear.

Chame a atenção dos alunos para o conjunto de letras. Em seguida, aponte para eles aleatoriamente para obter a pronúncia correta. Depois, explique a tarefa. Diga: *Let's listen and circle the letters you hear. Pay attention: The letters are not in the correct order.*

Toque o áudio (Faixa 61) e pause após cada letra para dar aos alunos um tempo para fazer a tarefa. Quando eles terminarem, reproduza a faixa novamente para que os alunos verifiquem seu trabalho.

Audio script (Faixa 61)

4. Listen and circle the letters you hear.
C – O – I – S – L – V – X – B

5. Number the words in alphabetical order.

Escreva no quadro algumas palavras que os alunos estejam familiarizados. Em seguida, peça a eles que digam como reescrevê-las em ordem alfabética. Então diga: *Let's do the same with the words in your book.*

Review 3 and 4 **85**

REVIEW 5 AND 6

OBJETIVOS
- Revisar e praticar o conteúdo das Unidades 5 e 6

MATERIAIS
Vídeo R5-6, uma lata de lixo, uma bola de papel, *flashcards*: backpack, book, glue, pencil, ruler, sharpener, bee, cow, duck, hen, goat, horse, pig, sheep

OPENING

Jogue *Vocabulary basketball* com a turma usando o vocabulário das Unidades 5 e 6. Organize os alunos em dois grupos – Grupo A e Grupo B – e coloque a lata de lixo da sala de aula na frente do quadro. Mostre um *flashcard* para um aluno do Grupo A. Se ele disser a palavra correta, ele marcará um ponto para o grupo, virá para a frente da turma e, então, de uma certa distância, "arremessará" a bola de papel em direção à lata de lixo. Se a bola cair dentro da lata, o grupo ganha um ponto extra. Então é a vez do Grupo B.

Continue jogando até que todas as palavras tenham sido usadas. O grupo com a pontuação mais alta é o vencedor.

1. Watch and say.

Peça aos alunos que abram o *Student's Book* na página 86. Diga: *This is a review lesson. Let's practice what we learned in Units 5 and 6.* Pergunte aos alunos do que eles se lembram das Unidades 5 e 6. Escreva no quadro as palavras e expressões que eles disserem. Explique que eles vão assistir a um vídeo. Reproduza o vídeo da Revisão 5 e 6. Então peça para que os alunos conversem sobre o vídeo, em duplas. Convide alguns alunos para contar à turma o que viram no vídeo.

2. Look and complete the words.

Revise os objetos escolares com a turma, incentivando os alunos a dizer as palavras que conseguem lembrar. Em seguida, chame a atenção deles para as imagens e explique a tarefa. Os alunos devem completar as palavras com as letras que faltam. No início, faça-os trabalhar individualmente e sem olhar a Unidade 5. Em seguida, permita que comparem as respostas, em duplas. Peça a diferentes alunos que venham ao quadro e escrevam as respostas corretas.

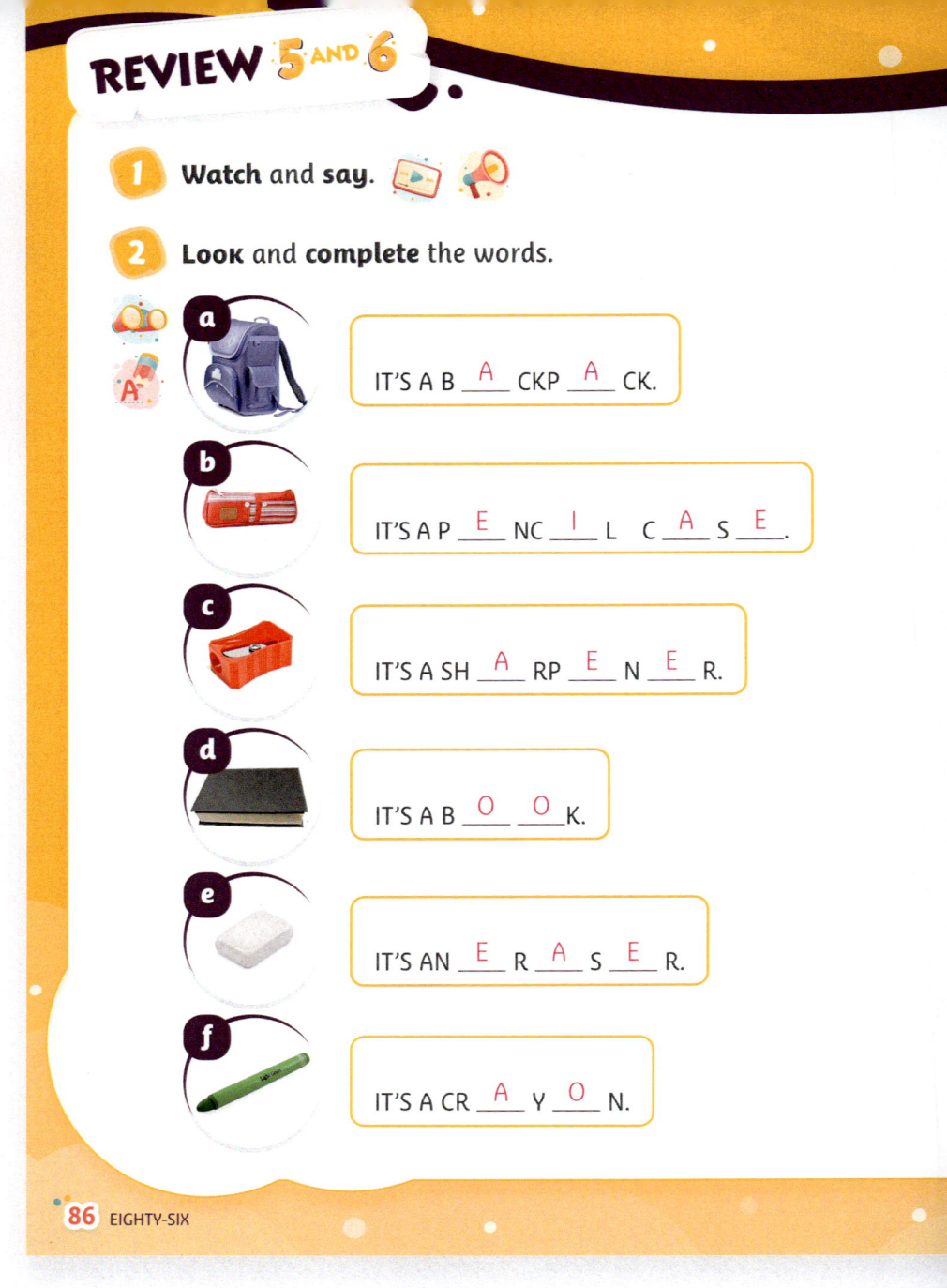

3. Read the questions and write your answers.

Escreva no quadro *Yes, I do* e *No, I don't*. Pergunte a um aluno: *Do you have a blue backpack?* Ouça a resposta dele e acene com a cabeça e sorria ou aponte para a resposta correta no quadro. Faça o mesmo com dois ou três outros alunos. Em seguida, explique a tarefa e leia as perguntas com a turma. Dê um tempo para que os alunos respondam individualmente. Quando o tempo acabar, organize-os em duplas e peça que se revezem fazendo perguntas e respondendo.

4. Read the conversations and match them with the pictures.

Pegue um dos *flashcards* da Unidade 6 (por exemplo, *cow*), mostre-o para a turma e pergunte: *Is it a horse?* Ouça as respostas dos alunos e escreva no quadro: *No, it isn't.* Pegue outro *flashcard* (por exemplo, *horse*) e pergunte novamente: *Is it a horse?* Ouça e escreva no quadro o que eles disserem: *Yes, it is.* Depois, pegue algumas canetas e pergunte: *Are they pens?* Ouça a resposta e escreva-a no quadro: *Yes, they are.* Pergunte novamente: *Are they erasers?* Aguarde a resposta e escreva no quadro: *No, they aren't.* Chame a atenção dos alunos para o primeiro diálogo da atividade

3 Read the questions and write your answers.
Answers will vary.

Yes, I do.   No, I don't.

a. Do you have a yellow ruler? _____

b. Do you have a green backpack? _____

c. Do you have a blue pencil? _____

4 Read the conversations and match them with the pictures.

a. **A:** Is it a pig?
   B: Yes, it is.

   d

b. **A:** Are they goats?
   B: No, they aren't. They're dogs.

   a

c. **A:** Are they cows?
   B: Yes, they are.

   b

d. **A:** Is it a hen?
   B: No, it isn't. It's a duck.

   c

EIGHTY-SEVEN 87

e leia-o com a turma. Peça a resposta correta. Determine um tempo para que os alunos façam o resto da atividade individualmente. Quando terminarem, peça a diferentes alunos que leiam as perguntas para que toda a turma possa responder.

Dica: Se o tempo permitir, você pode organizar os alunos em pares e pedir para eles se revezarem lendo as perguntas e respostas da Atividade 4.

CLOSING

Use uma bola de papel para perguntar à turma sobre o tópico ou atividade favorita deles das Unidades 5 e 6.

Jogue a bola para um aluno, que dirá: *My favorite topic/activity is (...)*. Escreva o modelo no quadro para ajudar. Peça aos alunos que continuem jogando a bola e contando uns aos outros sobre seu tópico ou atividade favorita. Certifique-se de que todos tenham oportunidade de participar.

Review 5 and 6

REVIEW 7 AND 8

OBJETIVOS
- Revisar e praticar o conteúdo das Unidades 7 e 8

MATERIAIS
Vídeo R7-8, *audio pack*, fita adesiva, *flashcards*: arm, foot, hand, head, leg, tummy, balloons, birthday card, birthday song, cake, candles, gift, party

OPENING

Jogue *What's missing?* com a turma. Coloque os *flashcards* na parede ou no quadro, um a um, para que todos os alunos possam vê-los e dizer as palavras. Peça a eles que fechem os olhos e remova um *flashcard*. Em seguida, peça aos alunos para que abram os olhos e digam o *flashcard* que está faltando. Jogue algumas vezes, fazendo com que os alunos venham até o quadro ou a parede e removam um *flashcard* para que seus colegas digam o que está faltando.

1. Watch and say.
Peça aos alunos que abram o *Student's Book* na página 88. Diga: *This is a review lesson. Let's practice what we learned in Units 7 and 8.* Pergunte aos alunos o que eles lembram das Unidades 7 e 8. Escreva no quadro as palavras e expressões que eles disserem. Explique que eles vão assistir a um vídeo. Reproduza o vídeo da Revisão 7 e 8. Em seguida, peça aos alunos que falem sobre o vídeo, em duplas. Convide alguns alunos para contar à turma o que viram no vídeo.

2. Look at the picture and write the words.
Diga o nome de uma parte do corpo e faça com que os alunos a mostrem. Diga, por exemplo: *Hands!* e eles têm que mostrar as mãos. Faça o mesmo com as outras partes do corpo que eles aprenderam.
Chame a atenção dos alunos para a atividade e explique a tarefa. Determine um tempo para que eles a realizem individualmente. Cheque as respostas no quadro, pedindo aos alunos que apontem para as partes do corpo deles para mostrar ao que as palavras do quadro se referem.

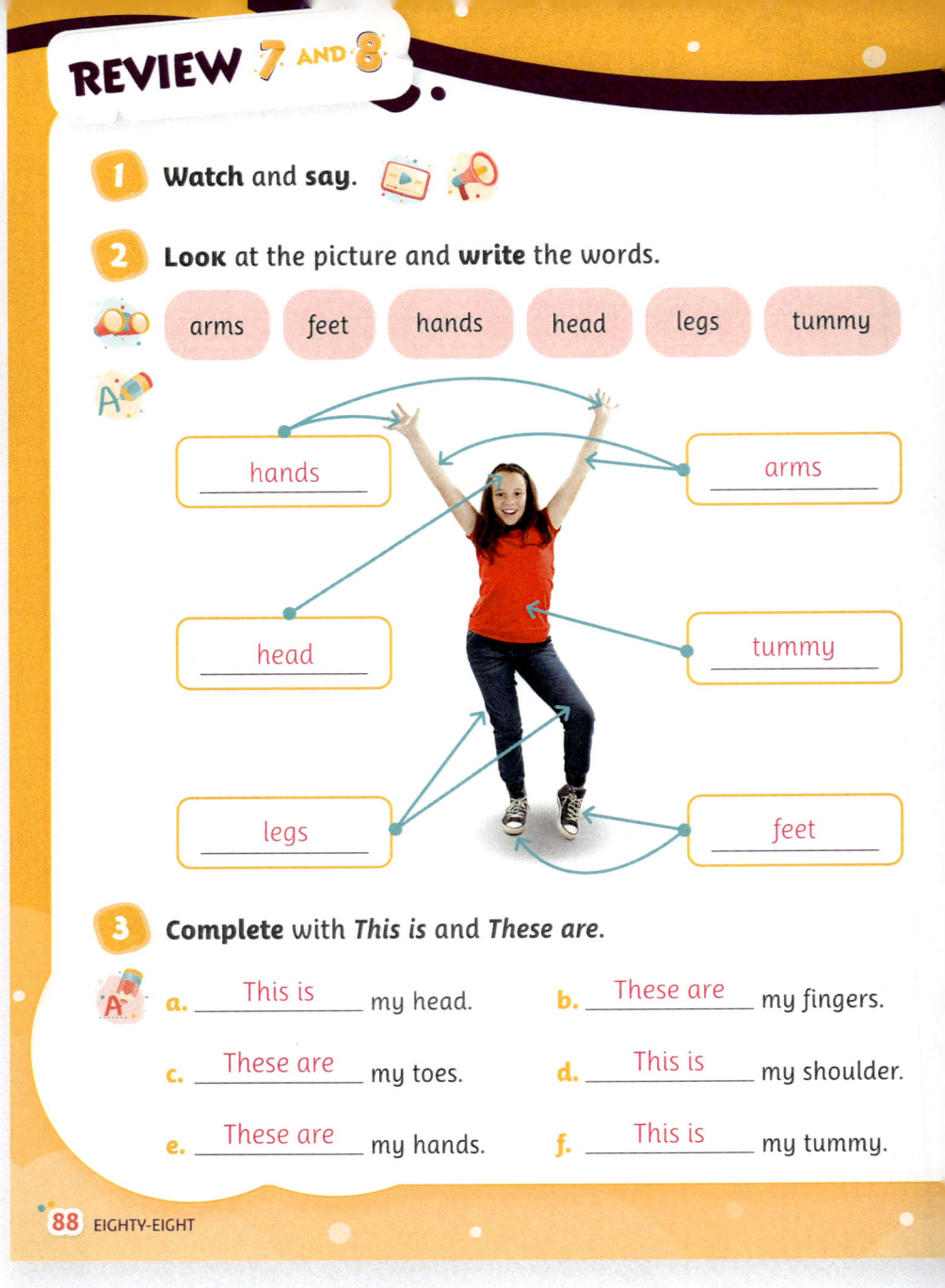

REVIEW 7 AND 8

1 Watch and say.

2 Look at the picture and write the words.

arms   feet   hands   head   legs   tummy

- hands
- arms
- head
- tummy
- legs
- feet

3 Complete with *This is* and *These are*.

a. __This is__ my head.
b. __These are__ my fingers.
c. __These are__ my toes.
d. __This is__ my shoulder.
e. __These are__ my hands.
f. __This is__ my tummy.

88 EIGHTY-EIGHT

---

3. Complete with *This is* and *These are*.
Aponte para sua cabeça e diga: *This is my head*, enfatizando *this is*. Mostre suas mãos e diga: *These are my hands*, enfatizando *these are*. Diga aos alunos que é a vez deles. Diga, por exemplo: *Fingers!* Eles devem mostrar os dedos e dizer: *These are my fingers*. Faça o mesmo algumas vezes usando várias partes do corpo e, em seguida, refira-se à atividade. Explique a tarefa.
Dê aos alunos um tempo para trabalhar individualmente e depois comparar as respostas em duplas. Quando o tempo acabar, peça a diferentes alunos que escrevam suas respostas no quadro.

4. Listen and check the correct words.
Incentive os alunos a lembrar os alimentos e bebidas de aniversário que aprenderam e liste-os no quadro. Pergunte a alguns alunos: *What's your favorite food at a birthday party? What do you like to drink?*
Chame a atenção deles para a atividade e explique a tarefa. Reproduza o áudio (Faixa 62) para que os alunos confiram as palavras corretas. Reproduza-o novamente para que os alunos confiram suas respostas. Peça a eles que leiam as respostas corretas em voz alta e as escreva no quadro.

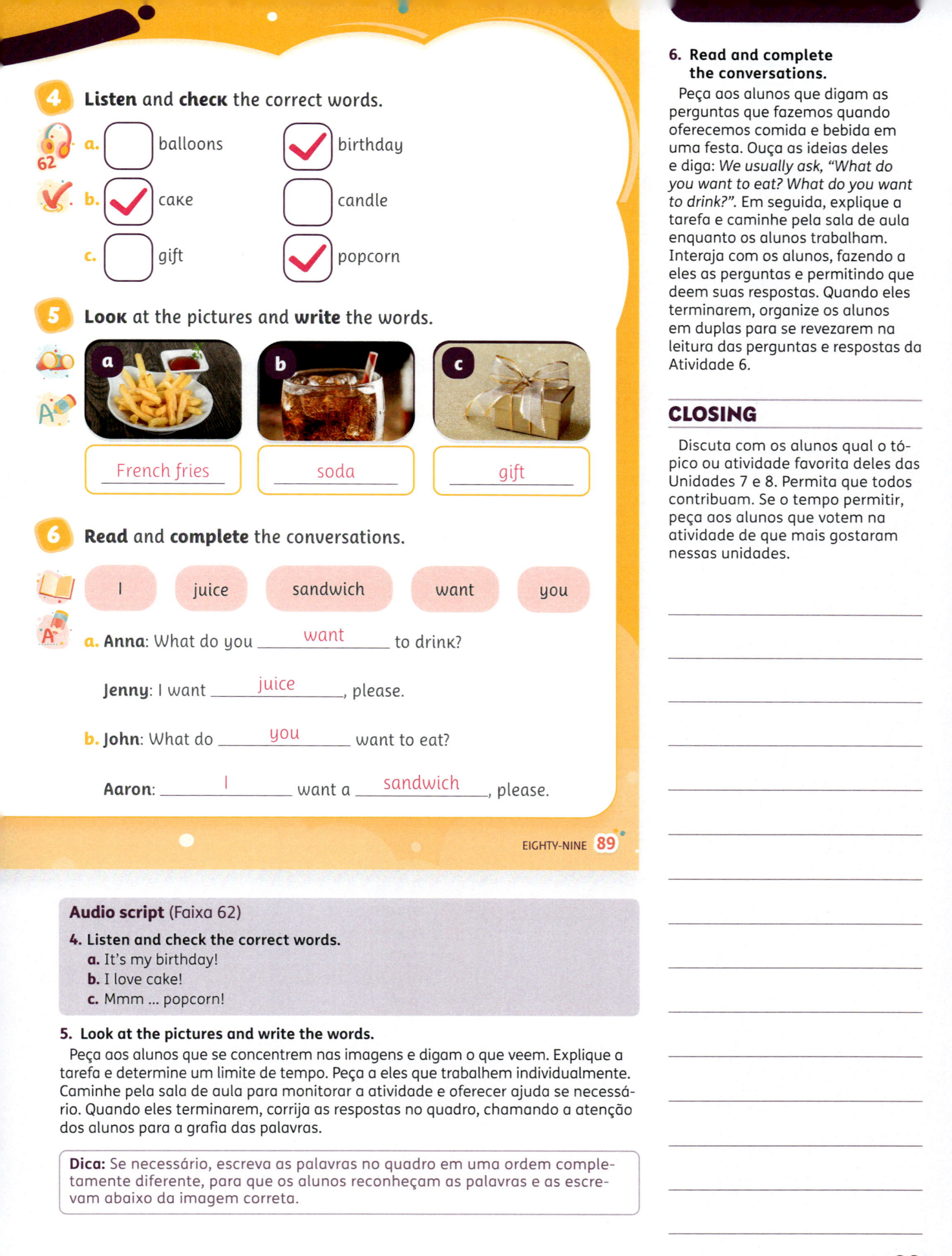

4. Listen and check the correct words.

a. ☐ balloons   ✓ birthday
b. ✓ cake   ☐ candle
c. ☐ gift   ✓ popcorn

5. Look at the pictures and write the words.

a. French fries
b. soda
c. gift

6. Read and complete the conversations.

I | juice | sandwich | want | you

a. **Anna**: What do you ___want___ to drink?

   Jenny: I want ___juice___, please.

b. **John**: What do ___you___ want to eat?

   Aaron: ___I___ want a ___sandwich___, please.

---

6. Read and complete the conversations.

Peça aos alunos que digam as perguntas que fazemos quando oferecemos comida e bebida em uma festa. Ouça as ideias deles e diga: *We usually ask, "What do you want to eat? What do you want to drink?"*. Em seguida, explique a tarefa e caminhe pela sala de aula enquanto os alunos trabalham. Interaja com os alunos, fazendo a eles as perguntas e permitindo que deem suas respostas. Quando eles terminarem, organize os alunos em duplas para se revezarem na leitura das perguntas e respostas da Atividade 6.

CLOSING

Discuta com os alunos qual o tópico ou atividade favorita deles das Unidades 7 e 8. Permita que todos contribuam. Se o tempo permitir, peça aos alunos que votem na atividade de que mais gostaram nessas unidades.

Audio script (Faixa 62)

4. Listen and check the correct words.
a. It's my birthday!
b. I love cake!
c. Mmm ... popcorn!

5. Look at the pictures and write the words.

Peça aos alunos que se concentrem nas imagens e digam o que veem. Explique a tarefa e determine um limite de tempo. Peça a eles que trabalhem individualmente. Caminhe pela sala de aula para monitorar a atividade e oferecer ajuda se necessário. Quando eles terminarem, corrija as respostas no quadro, chamando a atenção dos alunos para a grafia das palavras.

Dica: Se necessário, escreva as palavras no quadro em uma ordem completamente diferente, para que os alunos reconheçam as palavras e as escrevam abaixo da imagem correta.

GLOSSARY

A	
alphabet	alfabeto
apple	maçã
arm	braço
around	ao redor

B	
baby	bebê
backpack	mochila
ball	bola
balloon	bexiga, balão
banana	banana
barn	celeiro
beans	feijões
bee	abelha
best	melhor
big	grande
bird	pássaro
birthday card	cartão de aniversário
black	preto(a)
blue	azul
body	corpo
book	livro
bookmark	marcador de livros
bottle	garrafa
boy	menino
brother	irmão
brown	marrom
bye-bye, goodbye	tchau

C	
cake	bolo
candle	vela
cat	gato
centimeter	centímetro
check	marcar com ✓, verificar
cheese	queijo
circle	circular
clap	bater (as mãos)
classmate	colega de sala
color	cor, colorir, pintar
come	vir
complete	completar
connect	conectar, ligar através de uma linha
coop	viveiro de aves
count	contar
cow	vaca
crayon	giz de cera
create	criar
cup	caneca para beber água, xícara

D	
dad, daddy	pai, papai
delicious	carteira escolar
do	fazer
dog	cachorro
draw	desenhar
drink	beber
duck	pato

E	
eat	comer
egg	ovo
eighteen	dezoito
eleven	onze
equals	é igual
eraser	borracha
even	par (número)

F	
farm	fazenda

favorite	favorito(a)
fifteen	quinze
find	encontrar
fine	bem
finger	dedo da mão
fish	peixe
food	comida
foot, feet	pé, pés
fourteen	quatorze
French fries	batata fritas
friend	amigo(a)
fruit salad	salada de frutas
fun	divertido(a)
G	
game	jogo
get	receber
gift	presente
girl	menina
give	dar
glue	cola
goat	bode
good afternoon	boa tarde
good evening	boa noite
good morning	bom dia
grapes	uvas
gray	cinza
green	verde
grow	crescer
H	
hand	mão
happy	feliz
have	ter
he	ele

head	cabeça
healthy	saudável
hello, hi	olá, oi
hen	galinha
hill	colina
his	dele
honey	mel
horse	cavalo
house	casa
I	
important	importante
it	ele, ela (para objeto e animal)
J	
jam	geleia
juice	suco
jump rope	corda de pular
K	
keep	manter
L	
learn	aprender
leg	perna
letter	letras
left	esquerdo(a)
like	gostar
listen	escutar
look	olhar
love	amar
M	
make	fazer
match	ligar
math	matemática
me	mim, me
messy	bagunçado(a)

GLOSSARY

meter	metro
milk	leite
minus	menos
mom, mommy	mãe, mamãe
monster	monstro

N

name	nome
neat	organizado(a)
new	novo(a)
nineteen	dezenove
number	numerar, número

O

odd	ímpar
old	velho(a)
orange	laranja (cor e fruta)
organized	organizado(a)
our	nosso(s), nossa(s)

P

papaya	mamão
party	festa
pen	caneta
pencil	lápis
pencil case	estojo
pet	animal de estimação
pig	porco
pineapple	abacaxi
pink	rosa
plant	plantar
play	jogar, brincar
plus	mais
poem	poema
point	apontar
pond	lagoa
popcorn	pipoca

project	projeto
purple	roxo(a)
put	colocar

R

rabbit	coelho(a)
read	ler
red	vermelho(a)
repeat	repetir
right	direito(a)
role-play	dramatizar
ruler	régua

S

sandwich	sanduíche
say	dizer, falar
school	escola
scissors	tesoura
seed	semente
seventeen	dezessete
shake	balançar
sharpener	apontador
sheep	carneiro, ovelha
shape	forma
she	ela
shoulder	ombro
sing	cantar
sister	irmã
sixteen	dezesseis
skewer	espetinho
small	pequeno(a)
soda	refrigerante
song	canção, música
spell	soletrar
spider	aranha
spinner	roleta

stamp	bater (os pés)
start	início, iniciar, começar
stick	colar
strawberry	morango
student	aluno(a)
sweater	suéter
T	
tag	etiqueta
take care	cuidar
tall	alto(a)
teacher	professor(a)
teddy bear	ursinho de pelúcia
they	eles, elas
these	estes(as), esses(as)
thing	coisa
thirteen	treze
this	este(a), isto, esse(a), isso
tic-tac-toe	jogo da velha
today	hoje
toe	dedo do pé
together	juntos
tomato	tomate
train	trem
turn around	girar
turtle	tartaruga
twelve	doze
twenty	vinte
V	
values	valores
vegetable garden	horta
W	
want	querer

wash	lavar
watch	assistir
watermelon	melancia
we	nós
welcome	bem-vindo(a)
what	o que, qual
white	branco(a)
world	mundo
word	palavra
write	escrever
Y	
year	ano
yellow	amarelo(a)

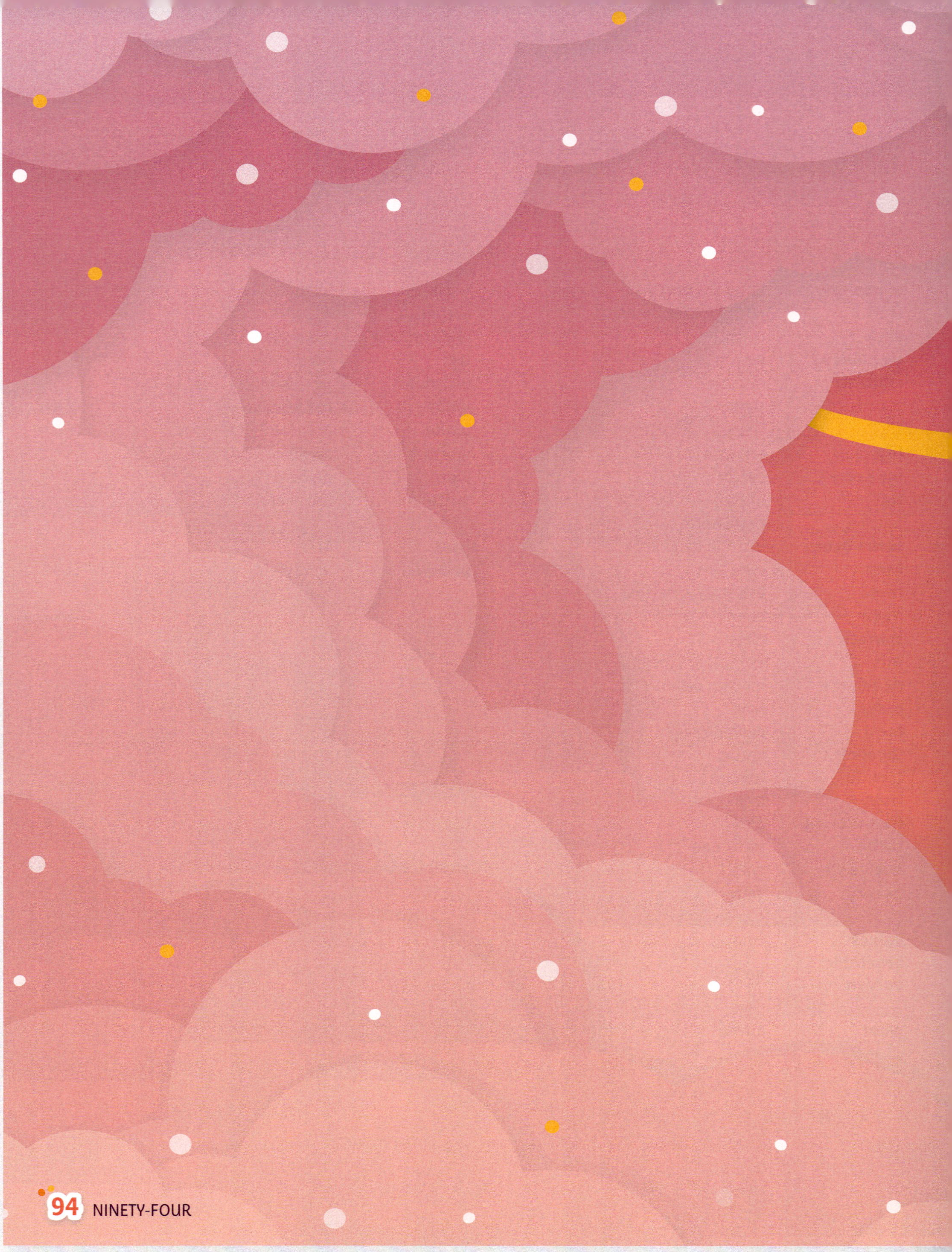
94 NINETY-FOUR

WORKBOOK

UNIT 1

1 **Find** and **circle** the words.

J	Z	H	E	L	L	O	B	C	A
G	O	B	W	L	A	H	E	L	A
O	P	T	M	E	O	M	X	F	F
F	K	H	N	I	G	O	O	D	T
D	N	A	M	E	R	R	W	A	E
B	L	N	G	H	P	N	P	O	R
N	A	K	H	L	F	I	N	E	N
E	O	Y	I	O	Q	N	Z	P	O
U	T	O	F	M	K	G	Z	H	O
S	T	U	D	E	N	T	A	A	N

hello student good fine morning thank you name afternoon

2 **Number** the conversation.

- [7] Thank you.
- [6] I'm good. Welcome to my school.
- [1] Hello.
- [3] My name is Beatriz. And you?
- [5] I'm fine, thank you. And you?
- [4] I'm Eduardo. How are you?
- [2] Hi. What's your name?

Teacher's Guide

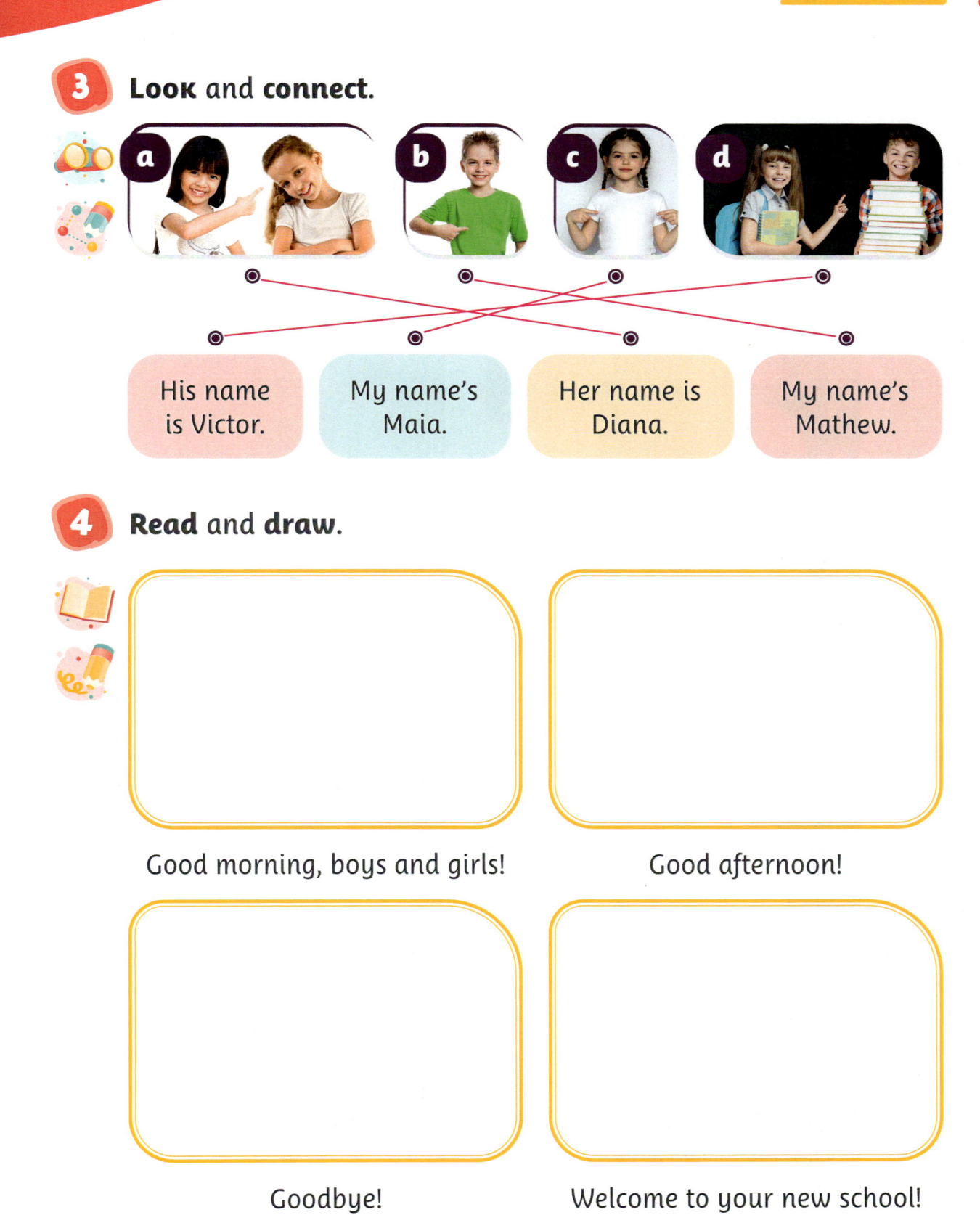

WORKBOOK

3 **Look** and **connect**.

| a | b | c | d |

- His name is Victor.
- My name's Maia.
- Her name is Diana.
- My name's Mathew.

4 **Read** and **draw**.

Good morning, boys and girls!

Good afternoon!

Goodbye!

Welcome to your new school!

UNIT 1

5 **Look** at the pictures and **write**.

he · it · she · they

a. they
b. it
c. he
d. they
e. she
f. she
g. it
h. he

GRAMMAR CORNER

My, your, his, her

My name is Diego.

Her name is Olivia.

His name is Bruno.

What's **your** name?

Read and **complete** the questions.

my your his her

a. What's ___his___ name?
   His name is Felipe.

b. What's ___your___ name?
   My name's Andrew.

c. What's ___her___ name?
   Her name is Silvia.

d. What's your name?
   ___My___ name's Lou.

UNIT 2

1 **Look** at the colors and **write** the numbers.

17 **13** **20** **14** **16**

a. Number _____thirteen_____ is red.

b. Number _____seventeen_____ is yellow.

c. Number _____sixteen_____ is blue.

d. Number _____twenty_____ is white.

e. Number _____fourteen_____ is black.

2 **Complete** the sequences.

a. eleven, twelve, _____thirteen_____,

fourteen, _____fifteen_____

b. sixteen, _____seventeen_____,

eighteen, _____nineteen_____,

_____twenty_____

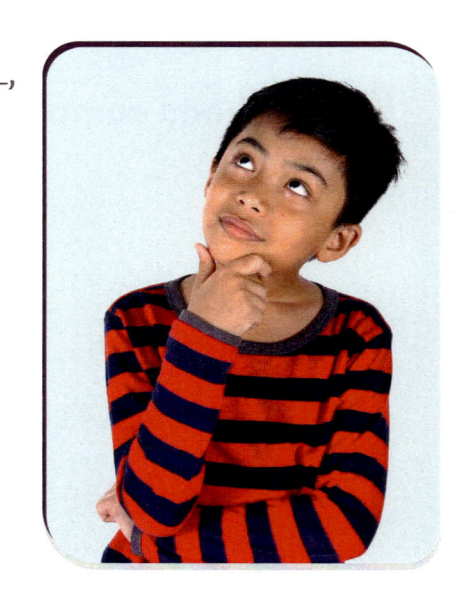

3 **Connect** the columns and **write** the missing words and numbers.

a. 11 + 3 = 14

b. 10 + 9 = 19

c. 20 − 10 = 10

d. 16 − 3 = 13

Ten plus nine equals __nineteen__.

Sixteen minus three __equals__ thirteen.

Eleven __plus__ three equals fourteen.

Twenty __minus__ ten equals ten.

4 **Complete** the calculations. Then **complete** the sentences.

a. 14 + 5 = [19] Fourteen plus five equals __nineteen__.

b. 19 − 6 = [13] Nineteen minus six equals __thirteen__.

c. 20 − 9 = [11] Twenty minus nine equals __eleven__.

d. 12 + 8 = [20] Twelve plus eight equals __twenty__.

UNIT 2

5 **Count** and **write** the numbers. Then **complete** the chart.

a. twenty

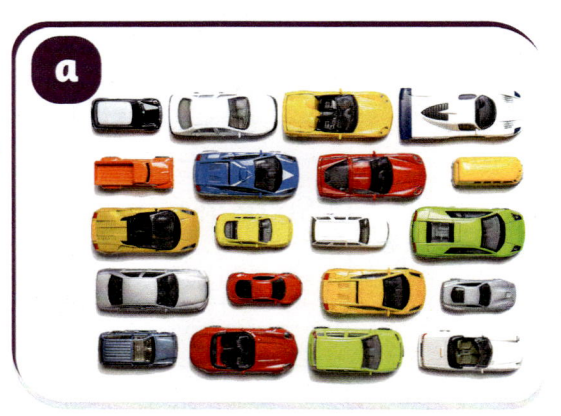

b. fifteen

c. thirteen

d. twelve

Even	Odd
twelve	thirteen
twenty	fifteen

GRAMMAR CORNER

Math signs: *plus, minus, equals*

12 + 3 = 15
Twelve **plus** three **equals** fifteen.

17 − 8 = 9
Seventeen **minus** eight **equals** nine.

Read the riddles and **color** the numbers.

a. Nineteen minus six equals orange.
b. Five plus six equals green.
c. Twenty minus one equals yellow.
d. Thirteen minus one equals red.

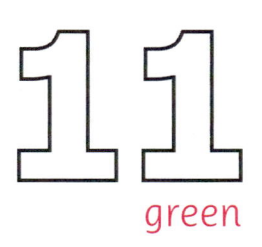

12 red

19 yellow

13 orange

11 green

ONE HUNDRED THREE 103

UNIT 3

1 **Complete** the crossword puzzle. **Find** and **draw** the secret fruit.

h.
a. | a | p | p | l | e |
   | | | i | | |
b. | b | a | n | a | n | a |
c. | w | a | t | e | r | m | e | l | o | n |
d. | o | r | a | n | g | e |
e. | p | a | p | a | y | a |
f. | g | r | a | p | e | s |
   | | | l | | |
g. | s | t | r | a | w | b | e | r | r | y |

h. Students draw a piece of pineapple.

104 ONE HUNDRED FOUR

104 Teacher's Guide

2 **Read** and **connect** the parts of the sentences.

a. Bananas are — yellow.

b. Apples are — green or red.

c. Grapes are — green or purple.

d. Strawberries are — red.

e. Oranges are — orange.

3 **Circle** the odd one out.
a. watermelon – strawberry – banana – (car)
b. fish – dog – (papaya) – bird
c. (dad) – pineapple – orange – banana
d. pineapple – grapes – (teacher) – papaya

4 **Find** and **circle** the words for eight fruits.

(orange)zap(papaya)ber(grapes)wat(strawberry)nar(apple)ne

a(pineapple)org(banana)cat(watermelon)

ONE HUNDRED FIVE **105**

UNIT 3

5 **Read** and **complete**. Answers will vary.

| apples | bananas | grapes | oranges |

| papaya | pineapples | strawberries | watermelons |

a. I like _____.

b. I don't like _____.

6 **Read** and **color** the fruits the boy loves. Students color the apples, strawberries, pineapples, and watermelons.

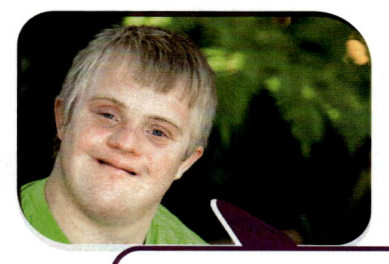

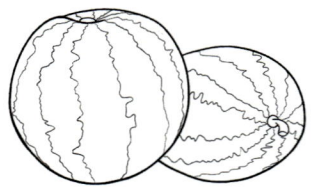

I love apples, strawberries, pineapples, and watermelons.

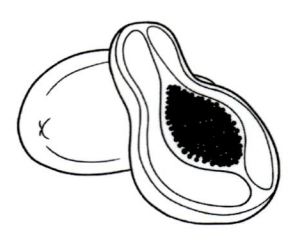

106 ONE HUNDRED SIX

106 Teacher's Guide

GRAMMAR CORNER

Questions and short answers with *like*

Do you like strawberries?

Yes, I do. **No, I don't.**

Read and **circle.** Answers will vary.

a. Do you like apples? Yes, I do. No, I don't.
b. Do you like papaya? Yes, I do. No, I don't.
c. Do you like watermelons? Yes, I do. No, I don't.
d. Do you like bananas? Yes, I do. No, I don't.
e. Do you like grapes? Yes, I do. No, I don't.

UNIT 4

1 **Complete** the alphabet.

A B [C] D E [F] G
H I J [K] L M [N]
O P Q [R] S T
U [V] W [X] Y [Z]

2 **Look** at the letters and **draw** things beginning with them.

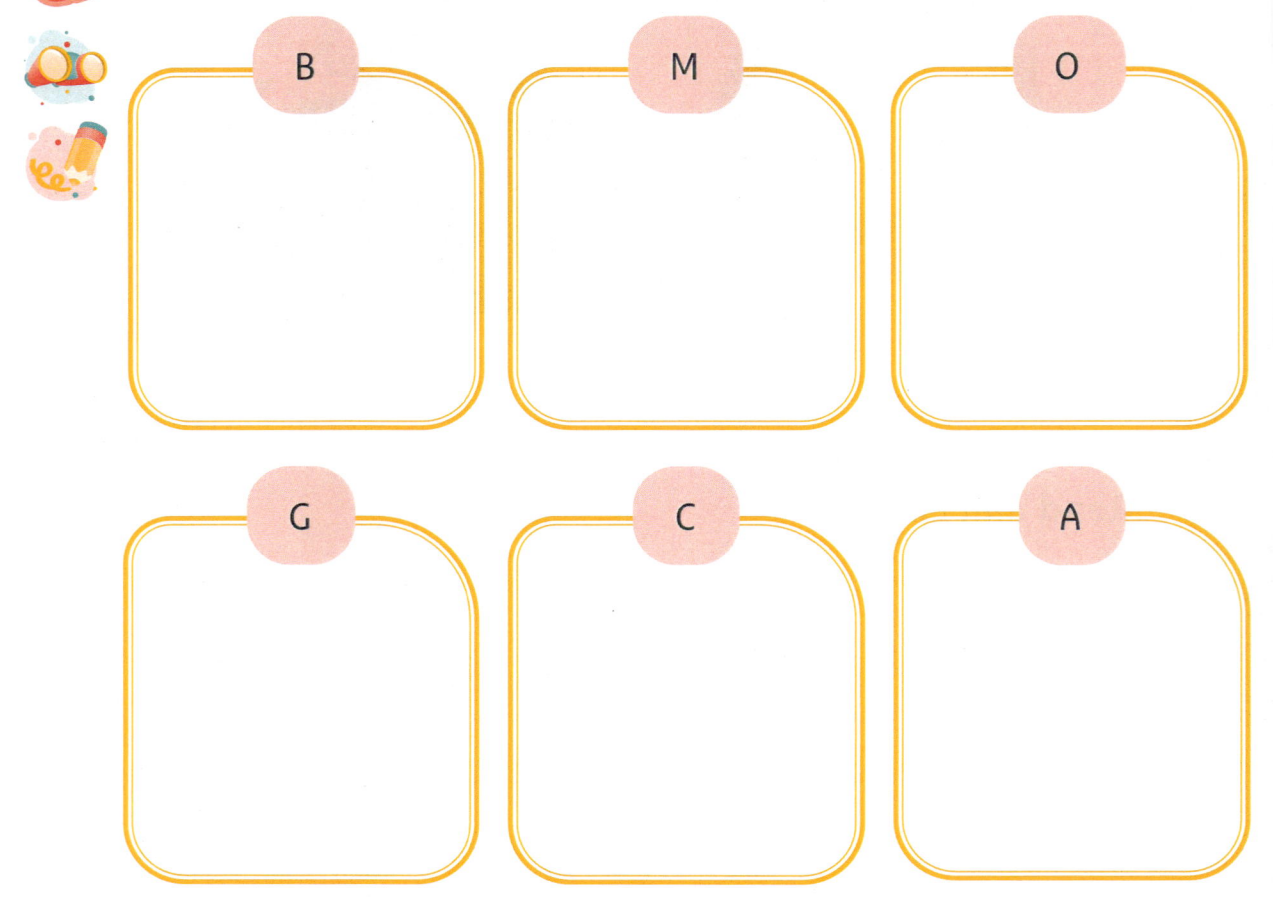

| B | M | O |

| G | C | A |

WORKBOOK

3 **Look** and **connect** the pictures with the letters.

- books — B
- watermelon — W
- grapes — G
- 15 — F
- turtle — T

4 **Write** the initial letters of the words.

a. _a_ pple   b. _p_ apaya   c. _b_ anana

d. _p_ ineapple   e. _o_ range   f. _s_ trawberry

UNIT 4

5 **Write** the words in alphabetical order.

> eleven   hamster   seventeen
>
> watermelon   family   gym

a. ___eleven___   b. ___family___

c. ___gym___   d. ___hamster___

e. ___seventeen___   f. ___watermelon___

6 **Choose** six different words. **Write** them in alphabetical order.

Answers will vary.

GRAMMAR CORNER

How do you spell ... ?

What's your name?

Lucy.

How do you spell your name?

L – U – C – Y.

Read and match.

a. How do you spell your name?
b. What's your name?
c. What's this?
d. How do you spell 🖊 ?
e. How do you spell 🍎 ?

d	It's P – E – N – C – I – L.
a	P – E – T – E – R.
b	Peter.
e	It's A – P – P – L – E.
c	It's a pencil.

UNIT 5

1 **Look** at the pictures and **write**. Then **find** and **circle**.

pencil case 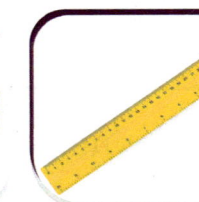 | ruler  | backpack | sharpener

K	R	S	P	E	N	C	I	L	C	A	S	E	F
B	A	C	K	P	A	C	K	I	J	K	L	M	N
K	R	I	E	O	N	A	C	U	P	G	J	E	F
A	B	S	D	E	F	G	H	I	J	L	O	M	N
K	R	S	F	G	H	M	K	L	L	U	E	E	F
K	R	O	F	G	H	A	K	L	L	E	L	E	F
A	B	R	D	E	F	R	H	I	R	U	L	E	R
K	R	S	F	G	H	I	K	L	L	A	O	E	F
A	B	C	S	H	A	R	P	E	N	E	R	M	N
K	B	O	O	K	H	J	K	L	L	A	D	E	F

glue  | book  | scissors  | cup

112 ONE HUNDRED TWELVE

112 Teacher's Guide

WORKBOOK

2 **Match** the sentences with the pictures.

- a (cup)
- b (backpack)
- c (glue)
- d (pencil)
- e (scissors)
- f (ruler)

- **b** It's a backpack.
- **d** It's a pencil.
- **c** It's glue.
- **e** They're scissors.
- **a** It's a cup.
- **f** It's a ruler.

3 **Read** the sentences. **Connect** the pictures and **color** the school objects.

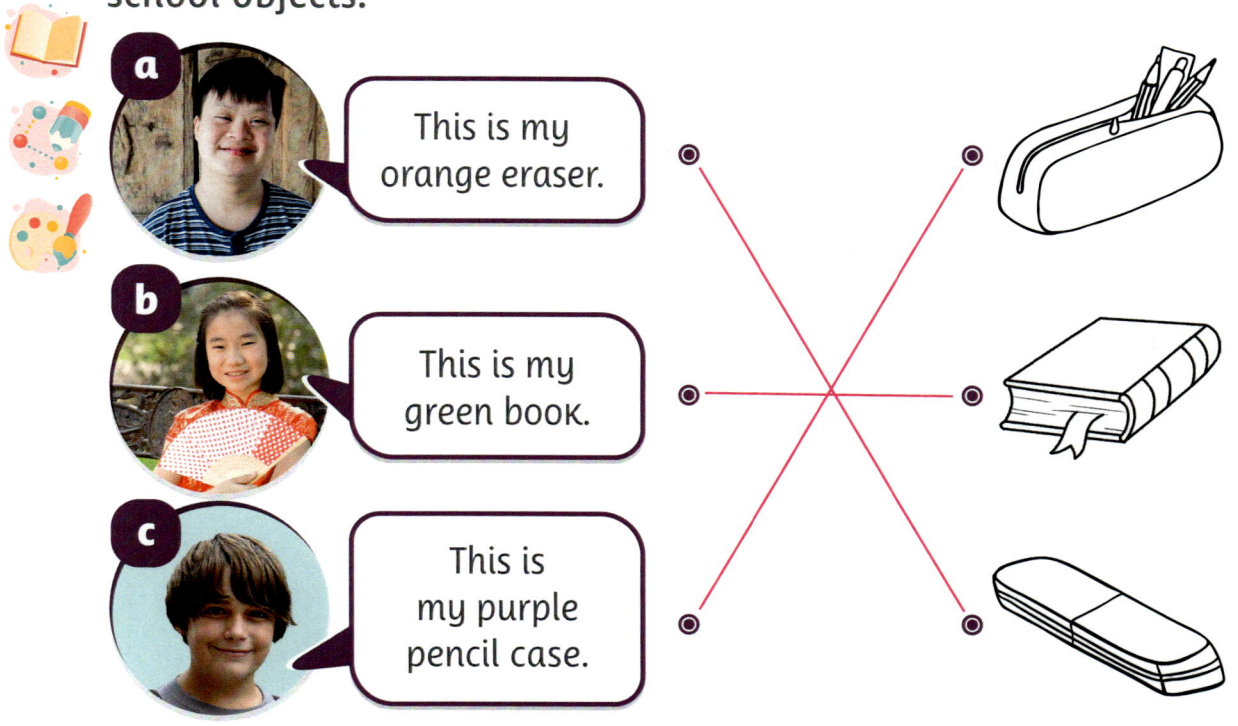

- a — This is my orange eraser.
- b — This is my green book.
- c — This is my purple pencil case.

ONE HUNDRED THIRTEEN

UNIT 5

4 **Read** the questions and **write** your answers. Answers will vary.

a. What color is your sharpener?

It's _____.

b. What color is your ruler?

_____

c. What color is your desk?

_____

d. What color is your favorite book?

_____

5 **Read** and **match**.

a. Do you have a green eraser?

b. Do you have 12 crayons?

c. Do you have a big backpack?

d. Do you have a red pencil case?

e. Do you have a small cup?

(b) Yes, I do. Look, 12 crayons.

(e) No, I don't. My cup is big.

(a) No, I don't. My eraser is red and blue.

(c) Yes, I do. My backpack is big.

(d) Yes, I do. Look, this is my red pencil case.

114 ONE HUNDRED FOURTEEN

GRAMMAR CORNER

Questions and short answers with *do*

Do you have books in your backpack?

No, **I don't**.

Do you have a pencil case?

Yes, **I do**.

Read and **answer**. Answers will vary.

a. Do you have a black backpack?

_____

b. Do you have an orange pencil case?

_____

c. Do you have a white eraser?

_____

d. Do you have 12 colored pencils?

_____

UNIT 6

1 Find and circle the words. Then write.

hen 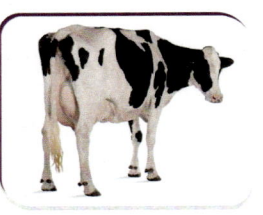   cow    duck    sheep

K	R	S	P	E	N	H	I	L	C	A	S
B	A	C	K	P	A	O	K	I	J	H	L
K	R	I	E	O	N	R	C	U	P	E	J
A	B	S	D	E	F	S	C	O	W	N	O
K	R	S	S	H	E	E	P	L	L	U	E
K	R	O	Z	G	H	D	U	C	K	E	L
A	B	R	P	O	F	R	H	B	E	E	L
K	R	S	L	A	H	P	K	L	L	A	O
A	B	C	H	T	A	I	P	E	N	E	R
K	D	E	R	K	H	G	K	L	L	A	D

goat    horse    bee    pig

116 ONE HUNDRED SIXTEEN

WORKBOOK

2 **Read** the conversation and **color** the picture.

Blue sheep
Yellow horse
Purple hen

A: Is the sheep red?
B: No, it isn't. It's blue.
A: Is the horse yellow?
B: Yes, it is.
A: Is the hen black?
B: No, it isn't. It's purple.

3 **Read** the questions and **circle** the correct answers.

a

b

c

Is it a pig?

Is it a cow?

Is it a hen?

Yes, it is.
(No, it isn't.)

(Yes, it is.)
No, it isn't.

Yes, it is.
(No, it isn't.)

ONE HUNDRED SEVENTEEN 117

Workbook | Unit 6 **117**

UNIT 6

4 **Read** the clues and **write** the words.

a. My favorite farm animal goes moo. _____cow_____

b. My favorite farm animal goes oink. _____pig_____

c. My favorite farm animal goes baa. _____sheep_____

d. My favorite farm animal goes quack. _____duck_____

5 **Look** at the pictures. **Read** and **write** the answers.

a. Are they hens? — Yes, they are.

b. Are they goats? — Yes, they are.

c. Are they ducks? — No, they aren't.

d. Are they bees? — Yes, they are.

WORKBOOK

GRAMMAR CORNER

Questions and short answers with *be*

Singular

A: **Is it** a dog?
B: No, **it isn't**.

A: **Is it** a hen?
B: Yes, **it is**.

Plural

A: **Are they** goats?
B: No, **they aren't**.

A: **Are they** cows?
B: Yes, **they are**.

DO!

Read and **match** the questions with the answers.

a. Are cows blue?

b. Are hens small animals?

c. Is it a cow?

d. Is it a duck?

b	Yes, they are.
c	Yes, it is.
a	No, they aren't.
d	No, it isn't.

ONE HUNDRED NINETEEN 119

Workbook | Unit 6 119

UNIT 7

1 **Look** at the pictures and **write** the words. Pay attention to singular and plural.

a. body
b. legs
c. feet
d. arm
e. hand
f. head

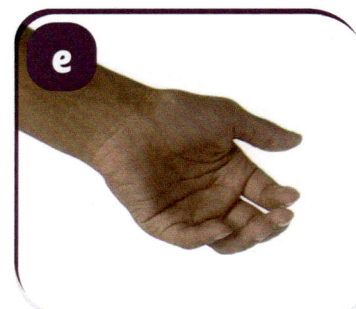

2 **Write** the letters in the correct order to form words.

a. UMYTM — TUMMY

b. DAEH — HEAD

c. HOURDESSL — SHOULDERS

WORKBOOK

3 **Look, read,** and **complete** the conversations.

a. How many legs do you have?

I have _____three_____ legs.

b. How many heads do you have?

I have _____two_____ heads.

c. How many arms do you have?

I have _____four_____ arms.

d. How many toes do you have?

I have _____six_____ toes.

e. How many fingers do you have?

I have _____twelve_____ fingers.

4 **Complete** with *This* or *These*.

a. _____These_____ are my legs.

b. _____This_____ is my book.

c. _____These_____ are my crayons.

d. _____This_____ is my tummy.

e. _____These_____ are my hands.

f. _____This_____ is my desk.

UNIT 7

5 **Look** and **complete** with *right* or *left*. Then **draw**.

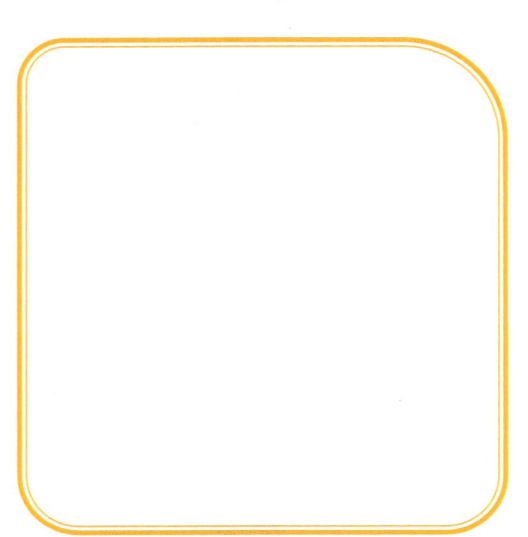

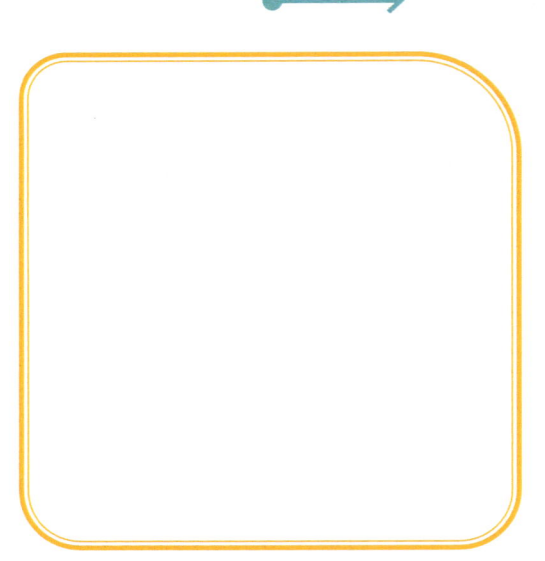

a. This is my ____left____ leg.

b. This is my ____right____ arm.

6 **Read** and **complete** with *this* or *these*.

a.

____These____ are my hands.

____This____ is my left hand and

____this____ is my right hand.

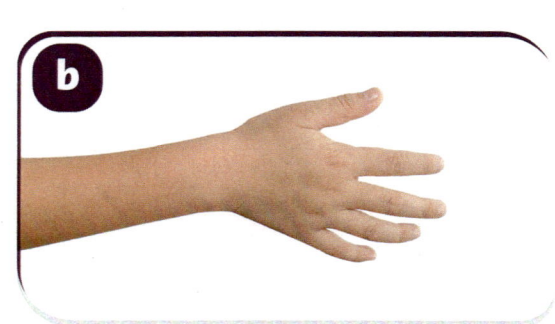

b.

____This____ is my hand.
It's my right hand.

GRAMMAR CORNER

Demonstrative Pronouns *this* and *these*

Singular: This is ...

- my hand.
- my head. 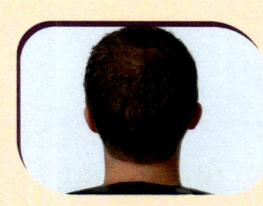
- my shoulder. 

Plural: These are ...

- my legs.
- my arms. 
- my feet. 

Read and circle.

a. This is / (These are) my arms.
b. (This is) / These are my pencil case.
c. This is / (These are) my pens.
d. (This is) / These are my head.
e. This is / (These are) my shoulders.
f. (This is) / These are my backpack.

UNIT 8

1 **Read** and **complete** the sentences.

This _____gift_____ is for you.

Happy _____birthday_____!

2 **Read** and **complete** with your information. Answers will vary.

How old are you?

I'm _____ years old.

3 **Draw** and **color** a birthday card. Who is the card for? **Write**.

Answers will vary.

This card is for _____.

WORKBOOK

4 **Write** the letters in the correct order. Then **complete** the conversations.

a. IDOEV ____VIDEO____   b. NTAW ____WANT____

c. HTYDABIR ____BIRTHDAY____   d. HTAW ____WHAT____

A: Lisa, ____what____ do you want for your birthday?

B: I want a toy car.

A: Joshua, what do you want for your ____birthday____?

B: A train, I want a train.

A: Joey, what do you ____want____ for your birthday?

B: Hmm ... I want a pencil case.

A: Sarah, what do you want for your birthday?

B: I want a ____video____ game.

5 **Read** the conversation. Then **circle** the correct picture.

Dad: Lea, it's your birthday! Happy birthday!

Lea: Thanks, Dad.

Dad: What do you want for your birthday?

Lea: I want a teddy bear.

UNIT 8

6 **Look** at the pictures. **Read** and **number**.

1. soda
2. water
3. orange juice

3   1   2

7 **Look** and **write** the words.

cake   French fries   popcorn   sandwiches

a. sandwiches
b. French fries
c. popcorn
d. cake

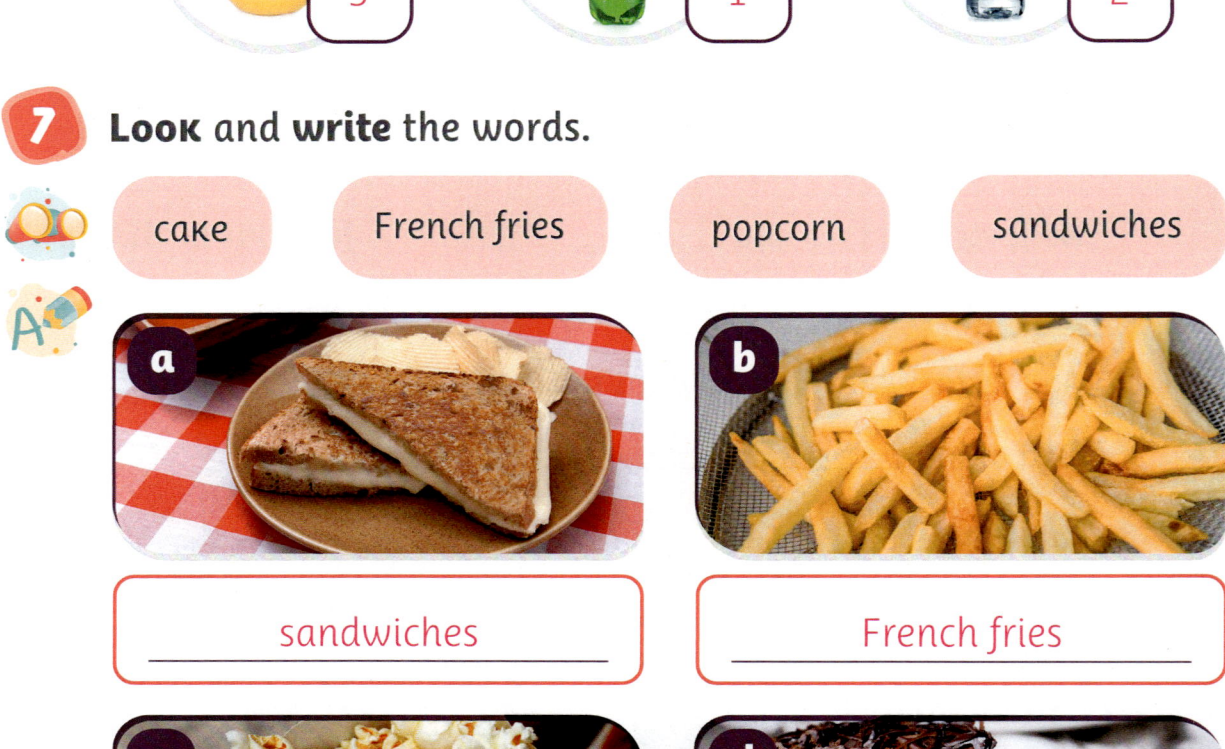

WORKBOOK

GRAMMAR CORNER

Asking and answering what you want

What do you want for your birthday?   **I want** a toy car.

What do you want to eat?   **I want** a sandwich and French fries, please.

What do you want to drink?   **I want** soda, please.

Read and **match** the questions with the answers.

a. What do you want for your birthday?

b. What do you want to eat?

c. What do you want to drink?

b	French fries, please.
c	I want water, please.
a	I want a new doll.

ONE HUNDRED TWENTY-SEVEN 127

Workbook | Unit 8

128 ONE HUNDRED TWENTY-EIGHT

FAMILY GUIDE

ONE HUNDRED TWENTY-NINE 129

À FAMÍLIA

A parceria da família com a escola é essencial para uma educação de qualidade. A participação de pais, responsáveis legais, irmãos e outros familiares ajuda a tornar a aprendizagem das crianças mais significativa e realista, gerando motivação para que elas se interessem pela língua inglesa e se entusiasmem durante o processo de aprendizagem.

As atividades neste *Family Guide* visam a compartilhar com a família o aprendizado de inglês que acontece na sala de aula, encorajando a sua participação nesse processo. Pais e responsáveis geralmente manifestam interesse e curiosidade em saber o que as crianças estão aprendendo. Muitas vezes, porém, elas não compartilham as experiências que viveram ou não contam sobre as atividades realizadas em aula. A realização em conjunto das atividades propostas neste material certamente ajudará a família a ter uma dimensão mais clara do progresso das crianças, além de proporcionar momentos de interação e diversão em família.

As atividades propostas neste guia são simples. Não é necessário que vocês, pais e responsáveis, saibam inglês – em alguns momentos, as propostas levam as crianças a "ensinar" a língua para os adultos. Após esta introdução, você encontra a seção *Fique por dentro!* Nela, você terá dicas que ajudarão você e a criança a entender o objetivo da unidade, a atividade proposta e os valores e habilidades trabalhados naquela unidade. Se você precisar de ajuda para entender o que a criança está aprendendo, as páginas iniciais de cada unidade contêm o vocabulário principal ensinado. Você também pode verificar o significado de algumas palavras usando a seção *Glossary* do livro.

A seguir, recomendamos alguns *sites* para "navegação em família" que vão ampliar a prática da língua inglesa em casa. Sempre que possível, procurem realizar com as crianças atividades lúdicas que estimulem o desenvolvimento e o aprendizado.

- https://english-dashboard.pearson.com
  Esse é o portal do *Dream Kids*, com áudios, vídeos e atividades interativas do material.
- https://www.eslgamesplus.com/fun-games/
  Nesse *site* há atividades, como jogos da memória, de tabuleiro, vídeos, entre outros.
- https://learnenglishkids.britishcouncil.org/games
  Nesse *site*, do Conselho Britânico, há jogos e atividades para a prática da língua inglesa.
- https://supersimple.com/super-simple-songs/
  Esse é um portal com dezenas de canções em vídeo para prática do inglês. Há também áreas com atividades para impressão e de dicas para os pais e responsáveis.
- https://www.funenglishgames.com/funstuff/tonguetwisters.html
  A página apresenta diversos trava-línguas (*tongue twisters*) para praticar os sons do inglês.
- https://www.digitaldialects.com/English.htm
  Aqui você encontra atividades para o aprendizado e prática lúdica de vocabulário.

Esperamos que toda a sua família se divirta nesse processo mágico de aprendizagem da língua inglesa!

Links acessados em 26 de abril de 2021.

FIQUE POR DENTRO!

FAMILY GUIDE

UNIT 1

Nesta unidade, os alunos aprenderam a se apresentar, cumprimentar pessoas e perguntar o nome de outras pessoas. Peça que ele(a) lhe mostre, nas páginas 2 e 3, as diversas atividades que fez. Atividades feitas com os familiares ajudam a reforçar o conteúdo aprendido. No começo do segundo ano, as crianças ainda podem precisar de apoio para a leitura de palavras. Na atividade na página 133, estimule a criança a ler as opções para cada foto.

Valores & habilidades: empatia   amizade   cooperação   criatividade

UNIT 2

Na Unidade 2, os alunos aprenderam a contar de 11 a 20, trabalharam com adição e subtração e revisaram nomes de brinquedos, materiais escolares e cores. Peça que a criança lhe mostre, nas páginas 14 e 15, as atividades que mais gostou de fazer. As crianças adoram brincar em família, e os jogos são uma excelente forma de praticar a língua inglesa de forma autêntica. Nas atividades da página 134, estimule a criança a dizer os números de 11 a 20 em inglês e explicar como podem brincar com o *spinner*.

Valores & habilidades: igualdade   humildade   organização

UNIT 3

Na Unidade 3, os alunos aprenderam algumas frutas e a dizer de quais gostam ou não. Peça que a criança abra o livro nas páginas 22 e 23, aponte e diga de qual fruta ela gosta. Na próxima visita à feira ou ao supermercado, encoraje a criança a nomear as frutas em inglês. Na atividade da página 135, as palavras para as frutas aparecem abaixo de cada imagem. Estimule a criança a dizer as palavras em voz alta e tente fazer o mesmo.

Valores & habilidades: responsabilidade   autocontrole   trabalho em equipe

UNIT 4

Nesta unidade, os alunos aprenderam a dizer as letras do alfabeto em inglês e a soletrar diversas palavras. Peça que a criança lhe mostre as diferentes atividades que fez na Unidade 4. As crianças trabalharam com formas de organização de palavras – em ordem alfabética e em categorias. Que tal pensarem juntos em outras formas de organização de informações? Para as atividades da página 136, sugerimos envolver toda a família em um desafio de soletração.

Valores & habilidades: partilha   perseverança   criatividade

ONE HUNDRED THIRTY-ONE **131**

UNIT 5

Na Unidade 5, os alunos aprenderam a dizer o nome de alguns materiais escolares do dia a dia. Peça que a criança lhe mostre as atividades diversas que fez nessa unidade. Atividades em que os alunos compartilham opiniões ajudam a tornar o aprendizado mais significativo. Na atividade da página 137, estimule a criança a ensinar à família como dizer os materiais escolares em inglês.

Valores & habilidades: disciplina responsabilidade comprometimento comunicação

UNIT 6

Nesta unidade, os alunos aprenderam como dizer o nome de alguns animais da fazenda e a falar sobre seus animais favoritos. Peça para a criança abrir o livro nas páginas 52 e 53, apontar e dizer de quais animais ele(a) mais gosta. Façam a atividade da página 138. A associação de fotografias às palavras é uma estratégia essencial no aprendizado de vocabulário. Ao final da atividade de colagem, peça à criança que fale as palavras em voz alta.

Valores & habilidades: responsabilidade cooperação liderança organização resolução de problemas

UNIT 7

Na Unidade 7, os alunos aprenderam a nomear as partes do corpo. Peça que a criança leia para você um dos textos dos monstrinhos na página 67. Para praticar mais, vocês podem fazer uma brincadeira juntos, em que a criança fala o nome de uma parte do corpo, e aqueles que estiverem jogando tocam na respectiva parte. Faça a atividade da página 139 com a criança. Se ela conhecer e se sentir segura com a escrita, pode escrever as palavras para os itens desenhados ou colados.

Valores & habilidades: responsabilidade autoestima comunicação trabalho em equipe pensamento crítico

UNIT 8

Nesta unidade, os alunos aprenderam a perguntar sobre a idade de outras pessoas. Eles também aprenderam palavras e estruturas relacionadas a celebrações de aniversário. Peça que a criança lhe mostre as atividades que fez, enquanto vocês observam as páginas da Unidade 8. Para a atividade da página 140, estimule a criança a fazer a pergunta para os membros da família. Caso as respostas sejam palavras desconhecidas, vocês podem buscá-las juntos, em um dicionário on-line.

Valores & habilidades: empatia amizade gentileza partilha criatividade

UNIT 1

FAMILY GUIDE

1 Olhe para as imagens e circule as palavras corretas.

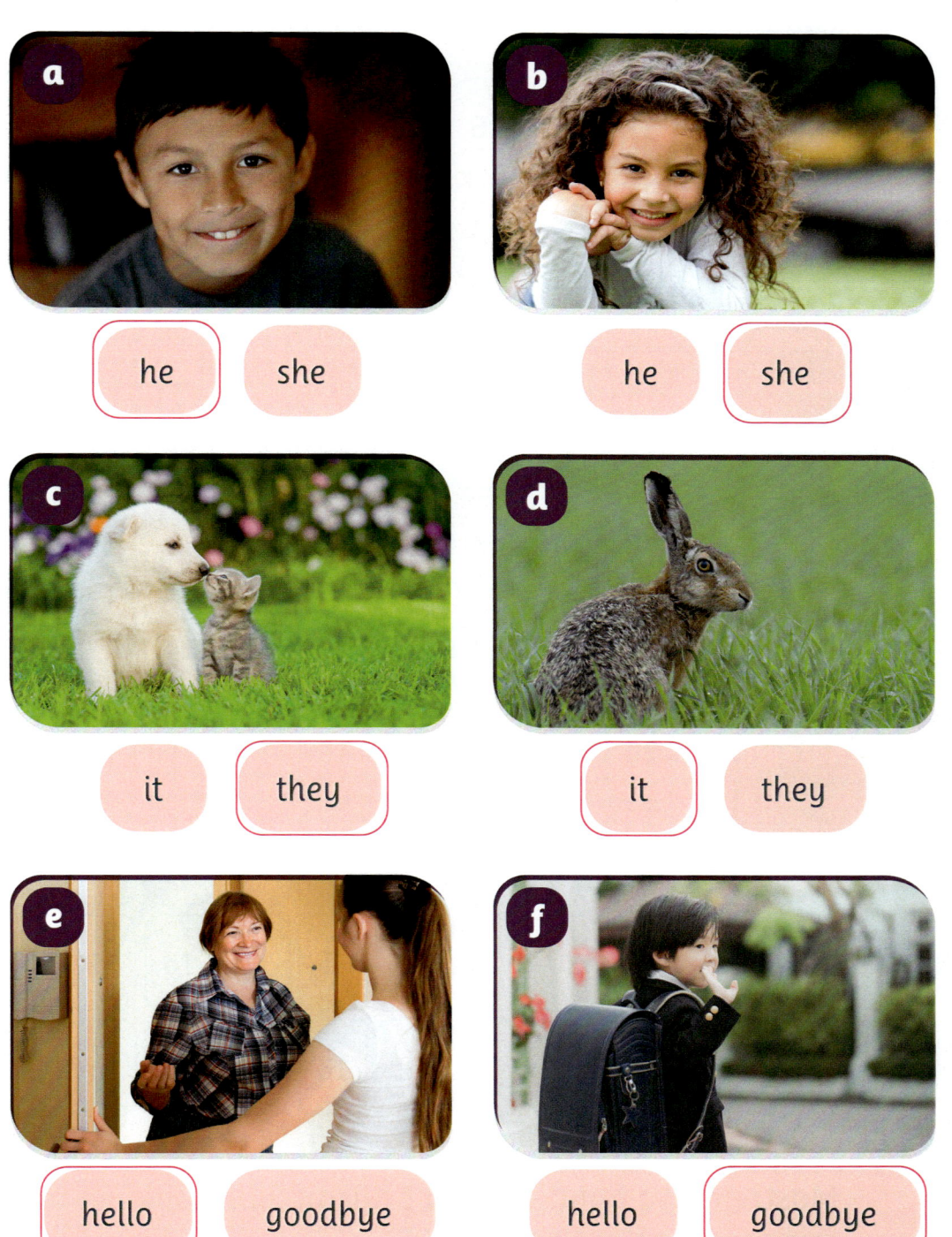

a) (he) she

b) he (she)

c) it (they)

d) (it) they

e) (hello) goodbye

f) hello (goodbye)

UNIT 2

1 Leia as palavras e circule os números correspondentes em cada linha.

eleven	12	14	16	18	20	(11)	19	15	17	13
seventeen	11	12	13	14	15	16	(17)	18	19	20
fifteen	18	16	(15)	13	19	20	14	12	11	17
twelve	11	14	16	20	13	17	15	19	(12)	18
sixteen	(16)	17	18	20	19	11	13	14	13	15
thirteen	15	(13)	17	19	20	18	16	14	12	11
nineteen	20	14	16	12	15	17	(19)	11	13	18
fourteen	18	19	16	(14)	15	17	20	12	13	11
twenty	12	(20)	18	13	15	17	16	11	14	19
eighteen	16	11	14	12	(18)	20	13	15	17	19

2 Mostre à sua família como brincar com o *spinner* que foi criado em aula. *Have fun!*

UNIT 3

FAMILY GUIDE

1 Observe as frutas abaixo. Quais delas vocês gostam de comer em uma salada de frutas? Desenhe-as sobre a taça e complete a frase. Answers will vary.

apples

pineapples

oranges

bananas

grapes

I like _____.

papaya

strawberries

watermelon

ONE HUNDRED THIRTY-FIVE **135**

Family Guide **135**

UNIT 4

1 Escreva as palavras para os membros da família — por exemplo, *father, brother*, etc. — em ordem alfabética. Desenhe ao lado algo de que esse membro da família goste.
Answers will vary.

_____

_____

_____

_____

_____

_____

2 Mostre à sua família como soletrar as palavras para os membros da família em inglês.

UNIT 5

1 Escreva o nome de três membros da família na primeira linha. Em seguida, pergunte e assinale os objetos que cada membro da família tem. *Answers will vary.*

Do you have (a/an) ... ?

Family members	1. _____	2. _____	3. _____
pencil			
scissors			
pen			
book			
crayons			
backpack			
pencil case			
eraser			
sharpener			
glue			

UNIT 6

1 Complete as palavras. A seguir, procure em revistas ou na Internet fotos de animais da fazenda e cole no lugar correspondente. Pergunte à sua família qual é o animal da fazenda favorito deles.

Farm animals

B _E_ E

C _O_ W

G _O_ AT

H _E_ N

H _O_ RSE

SHE _E_ P

138 ONE HUNDRED THIRTY-EIGHT

UNIT 7

FAMILY GUIDE

1 Leia as palavras. A seguir, desenhe ou recorte e cole itens que usamos nas diferentes partes do corpo. Por exemplo: nos pés, podem ser sapatos, meias, entre outros.

feet	
arms	
head	
legs	
fingers	

UNIT 8

1 Faça uma pesquisa sobre o que cada membro da família quer ganhar no próximo aniversário. Escreva na tabela o que você descobrir. Answers will vary.

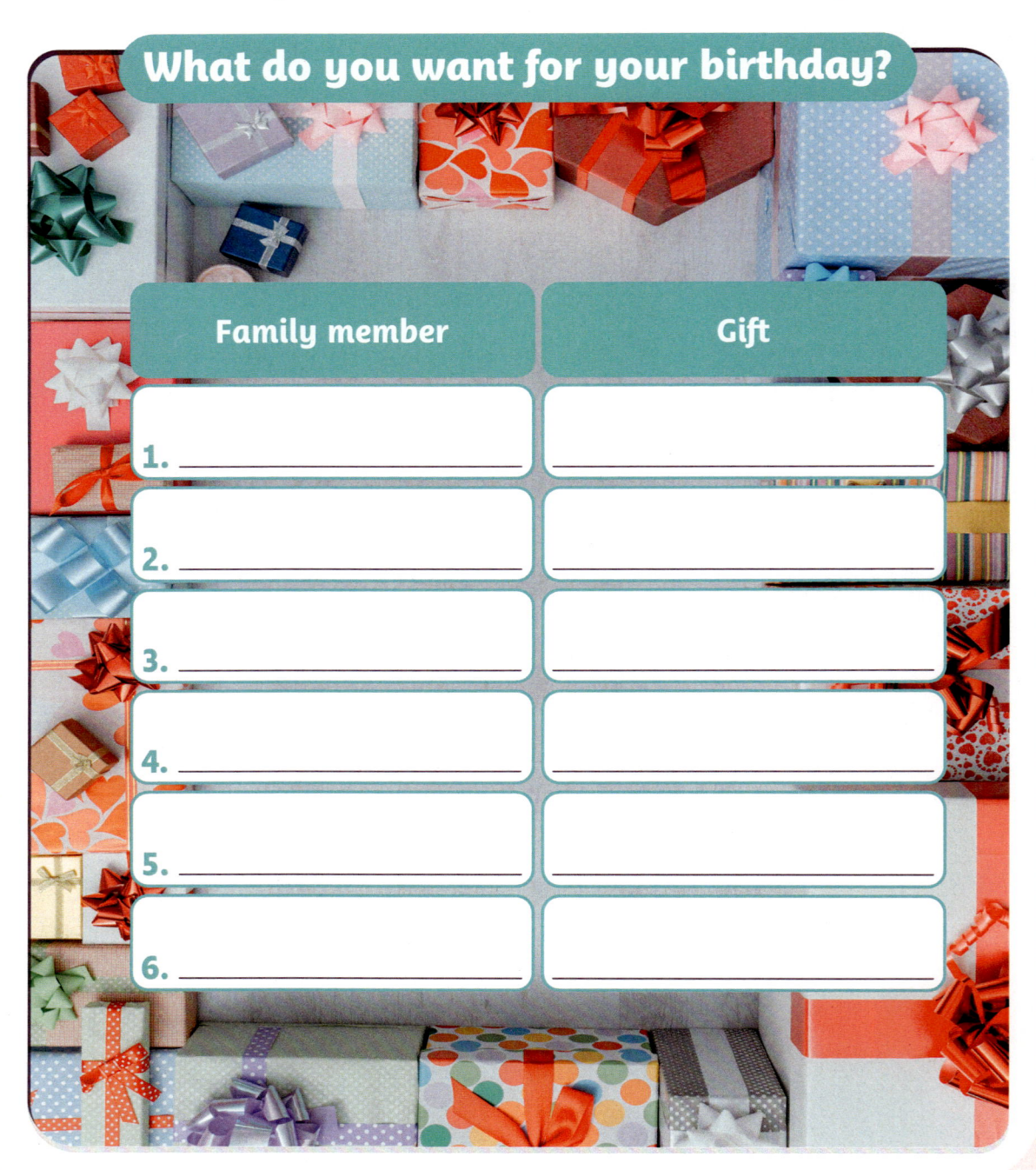

What do you want for your birthday?

Family member	Gift
1.	
2.	
3.	
4.	
5.	
6.	

AUDIO TRACKS

TRACK	UNIT	LESSON	ACTIVITY	PAGE
02	1	UNIT OPENER	1. Look and listen.	2
03	1	UNIT OPENER	2. Listen, find, and repeat.	3
04	1	1	1. Listen and connect.	4
05	1	1	2. Listen, stick, and say.	5
06	1	2	1. Listen and circle the names. Then sing.	6
07	1	2	3. Listen and number.	7
08	1	3	1. Look, listen, and repeat.	8
09	2	UNIT OPENER	1. Look and listen. Then repeat.	12
10	2	UNIT OPENER	2. Listen, repeat, and find.	13
11	2	1	1. Listen and say. Then connect.	14
12	2	1	2. Listen and number. Then sing.	14
13	2	2	1. Listen, read, and circle the correct word.	16
14	2	2	3. Listen and stick.	17
15	3	UNIT OPENER	1. Listen and repeat.	22
16	3	UNIT OPENER	2. Listen and find. Then repeat.	23
17	3	1	1. Listen and point to the correct fruit.	24
18	3	1	3. Listen and connect the children with the correct fruit.	25
19	3	2	1. Listen and circle your favorite fruit. Then sing.	26
20	3	3	1. Look, listen, and repeat the conversation.	28
21	3	3	2. Listen to the conversation and circle the correct options.	28
22	4	UNIT OPENER	1. Look and listen.	32

ONE HUNDRED FORTY-ONE 141

TRACK	UNIT	LESSON	ACTIVITY	PAGE
23	4	UNIT OPENER	2. Listen and repeat. Then find.	33
24	4	1	1. Listen and point to the letters.	34
25	4	1	2. Complete the sequences. Then listen and say.	34
26	4	1	3. Listen, write the letters, and draw.	34
27	4	2	1. Listen and sing. Circle the initial letter of your name.	36
28	4	2	2. Listen, stick, and complete the sentences.	36
29	4	2	3. Listen and color the frames.	37
30	4	3	1. Look and listen. Then repeat.	38
31	4	3	2. Write the words in alphabetical order. Listen and say.	38
32	5	UNIT OPENER	1. Look, point, and listen.	42
33	5	UNIT OPENER	2. Listen and repeat.	43
34	5	1	1. Look and listen. Then repeat.	44
35	5	2	1. Listen and check the pictures with the school objects in the song. Then sing.	46
36	5	3	1. Look, listen, and repeat.	48
37	5	3	2. Listen and circle the correct answer.	48
38	6	UNIT OPENER	1. Look, listen, and role-play.	52
39	6	UNIT OPENER	2. Listen and repeat. Then find.	53
40	6	1	1. Look at the pictures. Listen and repeat the conversations.	54
41	6	1	4. Listen and circle the correct pictures.	55
42	6	2	1. Listen, read, and repeat the conversation.	56
43	6	2	3. Listen and circle YES or NO.	57
44	6	3	1. Listen and sing.	58
45	6	3	2. Look, listen, and repeat the conversations.	58
46	7	UNIT OPENER	1. Look, listen, and repeat.	62

TRACK	UNIT	LESSON	ACTIVITY	PAGE
47	7	UNIT OPENER	2. Listen, find, and repeat.	63
48	7	1	1. Listen and repeat the body parts.	64
49	7	1	2. Listen and check the correct words.	64
50	7	2	2. Listen and circle the words for the body parts. Then sing.	66
51	7	2	1. Listen and point. Then repeat.	66
52	7	3	1. Look, listen, and repeat the sentences.	68
53	7	3	3. Listen and stick.	68
54	8	UNIT OPENER	1. Listen and role-play.	72
55	8	UNIT OPENER	2. Listen, find, and circle. Then repeat.	73
56	8	1	1. Listen, read, and role-play the conversation.	74
57	8	1	2. Listen to the conversations and complete the sentences.	74
58	8	2	1. Listen and number the pictures. Then sing.	76
59	8	2	2. Look, listen, and repeat the conversation.	76
60	8	3	1. Look, listen, and repeat. Then point.	78
61	R3-4	-	4. Listen and circle the letters you hear.	85
62	R7-8	-	4. Listen and check the correct words.	89

STICKERS

UNIT 1

UNIT 2 eleven   twelve   sixteen   seventeen

UNIT 4

UNIT 5

STICKERS

UNIT 6

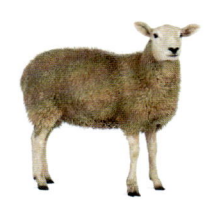

UNIT 7

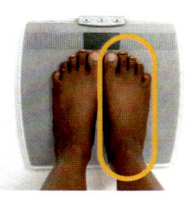

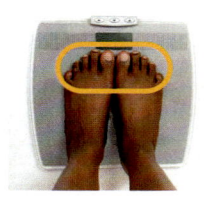

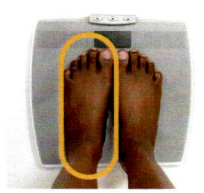

UNIT 8

NOTES

NOTES

NOTES